不歸類 60 | 圖解影響現

哲學就是對世界的提問

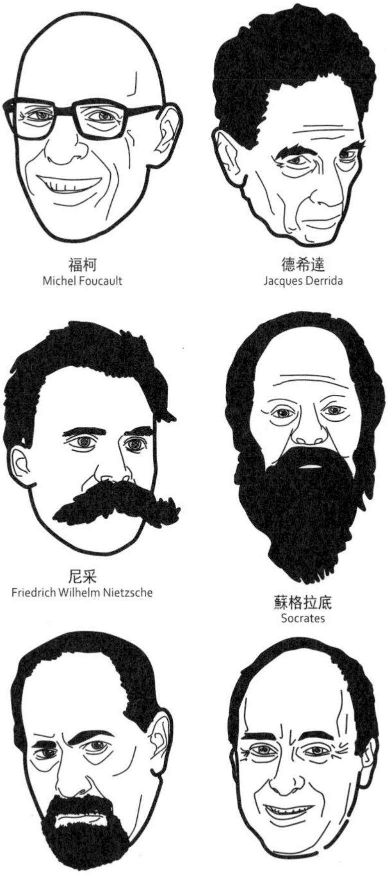

図解使える哲学

（原書名：圖解影響現代生活的100條哲學想法）

小川仁志——著
王華懋——譯

木馬文化

推薦序 哲學不是答案，而是不斷對人生發問

臺灣大學哲學系教授　苑舉正

這是一本讀起來既簡單又困難的哲學書。這是一種很矛盾的感覺，卻適足以凸顯這本書的價值。

閱讀本書，感覺很容易的原因在於它的圖示、解說，以及選擇。本書的作者從長達兩千五百年的哲學歷史中，挑選五十位著名的哲學家，並說明這些哲學家兩個最具有代表性的理念。

本書內容主要是以淺顯易懂的文字敘述這一百個理念。這不是一件容易的工作，因為在眾多哲學家中挑選代表已經很困難，更遑論將極為複雜的哲學理念在短短的數百字內做清楚的說明。作者能夠從蘇格拉底開始，將人類思想的精華，完整歸結於一百個理念的同時，還要能夠讓讀者輕鬆地掌握它們的要旨，是本書最成功的地方。

在解釋這一百個理念的過程中，每一個理念都用圖解表現其精要，讓

讀者在閱讀文字的解説後，能夠清楚地回味剛剛所閱讀的內容。這些優點讓讀者感覺不到閱讀上的壓力，甚至享受在哲學理念中馳騁的快感。

不過，在享受理念的同時，所有用心的讀者，都將會面臨閱讀本書的三項挑戰：論證過於簡化、理念缺乏系統以及思想快速轉換。對於一本圖文並茂的哲學書而言，這是很明顯的，但這也正是作者想告訴讀者的：啟動你的思考能力。對於過於簡化的論證，我們必須懂得加入推理；對於沒有系統的理念，我們要嘗試建構關連；對於快速轉換的思維，我們需要理解哲學就是不斷地自我否定以求進步。

雖然作者用輕鬆易懂的文字，簡化所有哲學論證中的概念、推理、反思，與邏輯，但是，簡化這一百個理念後的鋪陳，依然清晰，讓讀者理解大意之外，更重要的價值是，有興趣的人可以看出西洋哲學中進行推理的邏輯。任何想要練習思考的讀者，都會想要克服困難，自己重建這一些因為文字精簡而省略的論證。

其次，作者所選擇的哲學家，大致是延續著歷史的發展而來。從古希臘開始，本書內容歷經中世紀、文藝復興、近代時期，一直到當代哲學。

讀者在閱讀這麼長的一段時期中所挑出來的五十位哲學家，以及他們的理念時，不禁會想到這些理念之間，究竟有什麼系統性、相關性呢？

在章節中，作者一直不斷地用題目回答這個問題。他告訴我們，哲學的開展來自於各種議題，其中包含世界的構成、人的思考、理性的極限、自我的質疑、世界的規則，以及正義的社會。這些議題的主要特色，就是它們與人息息相關，因此哲學家都針對它們思考，提出各種配合時代精神所發展的理念。

在這些哲學家當中，作者非常巧妙地提供了一個由外而內的系統，讓讀者可以全盤地理解這些理念之間的相關性。我們生活中最外圍的部分，也就是這個世界的展現與構成，然後我們會進而問到世界中的「人」是什麼，接著問到人的理性，解釋「我」是什麼，進一步質疑原來推動世界的規則有無商榷之處，最終來到我們要活在一個什麼樣的社會裡。這說明了本書的內容，也很融貫地呈現出本書如何透過哲學思考，展示天、地、人之間的關係。

本書最困難的是，為什麼哲學家彼此之間不斷批判，致力於否定前人的理念？難道批判前人理念這件事情，就是哲學的定義嗎？

在閱讀本書的過程中，我逐漸發現，本書的作者，幾乎是以刻意的方式，不斷地讓讀者面對這個挑戰：什麼是哲學？作者在一開始，以「愛智」的方式定義哲學，但是這種定義的方式很抽象，以致於我們根本就無法理解如何去愛一項存在於我們心靈當中、卻不知道如何展現的認知能力。事實上，許多人會覺得哲學困難的原因，即在於所有的人都期待能啟發自己的智慧，卻又不知道這些智慧什麼時候會靈光乍現地出現在我們面前。如果不能回答這個問題，那麼閱讀哲學的意義，又在哪裡呢？

事實上，本書沒有回答這個問題，但它也不必回答，因為在閱讀它的同時，哲學的定義已經悄悄地滑入我們的心靈。哲學是思想的產物，而且它的存在也深深地刻畫出我們的生活中不能沒有思想。在理解天、地、人之間的關係時，思想的力量一直不斷地向我們發出疑問，然後我們嘗試回答，給定答案，卻又禁不住思想深化的挑戰，再次否定這些答案。在自我否定的過程中，答案變成微不足道的部分，因為我們感覺到那種發問的思想力量，一直不斷為我們帶來進步的泉源。哲學的定義，就是對這種進步的渴望，而思想只是為我們開啟進步大門的鑰匙。

因此，雖然本書企圖以圖解的方式，方便讀者閱讀哲學，但是在作者精心選擇與安排之下，讀者必然會被捲入思考的漩渦當中，展開一段自問自答的歷程。他們會問，為什麼承認無知，會是求知的開始？為什麼對話有助於我們獲得真理？為什麼政治講求現實，而道德卻又不得不訴諸理想？為什麼我們的理性總是在熱情面前展現得綁手綁腳？為什麼人在面對道德束縛的同時，總是幻想能超越人倫？為什麼我的自由來自於我的存在，而不是任何人預先幫我設定的本質？為什麼我們極有可能活在一個完全錯誤的世界中，因而壓制了其他可能世界？為什麼我們無能抗拒集權暴政誕生的同時，卻又不斷地問什麼是一個真正符合正義原則的社會？這一連串的問題，像是一個思想的大漩渦，把所有願意花費心思閱讀本書的人，都捲入這一場思想的向心力中。

以上這些問題，都只是我個人在閱讀中，感覺到比較迫切的問題。這些問題我並沒有答案，但是，有三點是非常確定的。第一，它們是我在閱讀本書的過程中，自然浮現在我腦海的例子，只是眾多問題中的一小部分。第二，我希望所有的讀者都能夠像我一樣，學會一邊閱讀，一邊自問自答的精神，讓本書的價值能夠發揮到極致。第三，我想，每一位讀者在感受到本書的困難的同時，應當將克服它們做為期待進步的準備。

一本哲學書的功用，並不是為任何人生問題提供解答，而是為了引發更多牽涉人生價值的問題。我承認，這些問題有時很困難，有時很嚇人，甚至有時令人畏懼。但是，嘗試著回答它們，已經代表人生的突破與進步。

最後我必須說，我很高興能有機會閱讀本書。這不是一本零散列舉哲學理論的書籍，而是一本濃縮的哲學歷史。作者的努力，讓讀者能夠從全面的角度掌握西洋哲學的發展，涵蓋各個時期有關哲學的內容。在結語中，作者以日本為例，說明政治哲學大興其道的現象，也指出哲學理念在現實政治中的功用。我對於最後一章的標題〈打造正義的社會〉，印象最為深刻。因為，這是哲學中最古老的議題，也是在人倫社會中，亙古不變的渴望。我願意向國人推薦此書，並希望所有讀者都能夠掌握深入閱讀本書後所顯現的價值。

前言　學習西方哲學的意義何在？

我寫過許多哲學入門書，本書鉅細靡遺地介紹了從古希臘至現代的西方哲學精華，說是其中的決定版也不為過。

西方哲學的歷史從蘇格拉底算起，長達二千數百年之久。反過來說，這代表西方哲學的內容具備如此的普遍性，因此才能在這樣漫長的歲月裡綿延不斷地傳承、傳播。

哲學原本就是具備這種普遍性的學問。一般來說，哲學是探究事物本質的活動，我想在這個定義加上「透過批判性、根源性的探究」這個方法論。換言之，哲學活動的目的不僅是揭露事物的本質，最重要的是揭露的過程。

這就是批判性、根源性的思考。批判，也就是懷疑。事物的本質是如此隱晦，甚至需要去揭露，因此我們必須從懷疑開始，而且是不斷地懷疑。

這時候就需要根源性的思考了。不是只懷疑一次，而是執拗地徹底懷疑，才總算能挖掘到事物的本質。反覆質疑的這個過程，可以說就是哲學本身。因為哲學的希臘文 philosophia，便是由 philos（愛）與 sophia（智慧）所組成，顧名思義，不斷地探究智慧的過程就是哲學。在哲學中，懷疑便是愛智慧的行為。

西方哲學的漫長歷史，便是像這樣追求智慧的軌跡。許多哲學家因為追求智慧，為後人留下了許多智慧的結晶，其中有些是思考的方法，有些是思考的成果。我們可以透過學習，更進一步深入探究智慧。

本書盡可能介紹了許多哲學概念。具體來說，介紹了總共五十名的哲學家，各兩個主要的思想概念。換句話說，合計共有一〇〇個哲學概念。這個數字算得上龐大了。只要能透過本書，了解多達一〇〇個哲學概念，思考力一定能有飛躍性的提升。畢竟每一個概念，都是歷經漫長的歲月所得到的智慧結晶。較古老的概念，甚至有多達兩千年以上的歷史。而它們如今依舊留存，因此無疑是堅若磐石。

為了方便讀者閱讀，基本上這些概念依年代排列，因此如果依序閱讀，也等於是讀過了一遍哲學史。不過編排上從任何章節開始閱讀都沒有問題。最重要的是樂在其中，因此從感興趣的項目開始讀起也完全無妨。

為了跳著讀的讀者，最後我想在說明本書結構的同時，稍微提一下西方哲學整體的概略發展。

首先第一章，主要介紹從希臘哲學到中世紀神學。就如同此章標題〈世界是由什麼構成的？〉，哲學為了有條理地解釋這個世界而苦心孤詣。

接著第二章是文藝復興時期到近代初期。就像此章標題〈關於人的思考〉，到了這個階段，哲學家總算開始自覺性地質疑「我」是什麼？「人」又是什麼？

第三章是英國經驗主義與歐陸理性主義的對立，以及德國觀念論。如同此章標題〈窮究理性的極限〉，這個時期是堪稱哲學代名詞的人類理性受到徹底探究的時期。

第四章則是十九世紀到二十世紀的德國、法國哲學。這個時期的中心是現象學與存在主義。就像此章標題〈我是什麼？〉，可以說是人的生活方式受到質疑的時代。

第五章，鳥瞰主要現代思想。如同標題〈推動世界的新規則〉，這些思想全在解釋從二十世紀到現代，被稱為後現代的新時代狀況。

最後第六章則要思考社會與正義。如同此章標題〈打造正義的社會〉，指出在高度複雜化的現代社會中，我們面臨的課題是該打造出什麼樣的社會、該如何定義正義。

那麼，讓我們立刻踏上回溯智慧歷史的旅程吧！讀者可以將本書當成這趟旅程的導覽書。所有的項目，都提出了現代性的問題，請各位務必一同思考，享受旅程！

小川仁志

目次

Chapter 1 世界是由什麼構成的？從希臘哲學到中世紀神學

Chapter 2
關於人的思考
從文藝復興時期到近代初期

Chapter 3 窮究理性的極限

從英國經驗主義與歐陸理性主義的對立，到德國觀念論

Chapter 4 我是什麼？

十九至二十世紀的現象學與存在哲學

Chapter

5 推動世界的新規則 現代思想

Chapter 6
打造正義的社會 政治哲學與公共哲學

Chapter 1

世界是由什麼構成的？

從希臘哲學到中世紀神學

蘇格拉底——無知之知
人為何要謙虛？

一般都說謙虛很重要，這到底是為什麼？自信十足不是件好事嗎？要思考這個問題，蘇格拉底的「無知之知」概念可以派上用場。

現今蘇格拉底雖然被稱為哲學之父，但原本他只是個平凡的石匠之子。然而有一天，蘇格拉底聽到了一個驚人的傳聞，說他的朋友在德爾菲的神殿聽到了神諭，內容居然是「蘇格拉底是全希臘最聰明的智者」。

蘇格拉底為了確定這道神諭的真假，四處請教當時被稱為智者的人，結果他發現沒有一個人能給他滿意的答案。

這時蘇格拉底發現了，被稱為智者（sophist，編按：也叫詭辯學者）的人，其實只是裝出一副無所不知的模樣，實際上與自己並沒有什麼不同。不，至少自己有所自覺，明白自己一無所知，所以比他們更優秀。因為**不懂裝懂，就失去了學到更多的機會**。

相對於不懂裝懂，**承認自己的無知，更進一步求知，就有機會增加知識，變得更聰明**，可以更接近真理。這就是「無知之知」

無知之知

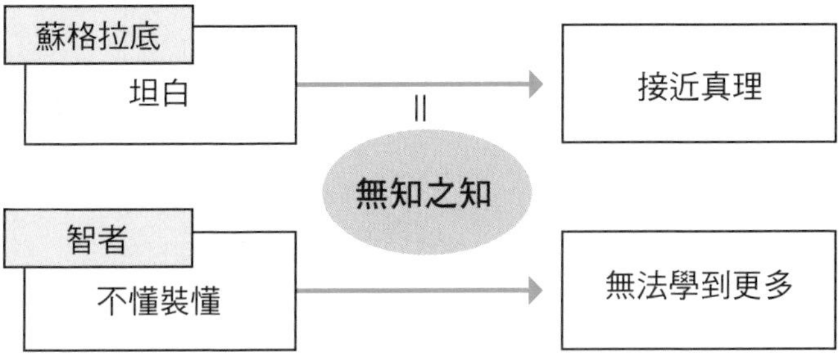

生平與思想

古代希臘哲學家。哲學之父。透過「對話」來探究真理。沒有留下任何著作。

蘇格拉底
（BC470？～BC399）

這個概念的意義。也就是俗話說的，「問是一時之恥，不問是一輩子之恥」。

從這裡我們可以學到的，是**謙虛的重要性**。因為唯有謙虛，而非不懂裝懂，才能吸取新知。人當然應該要有自信，但絕不能因此變得傲慢。有自信與面對求知的謙虛，是完全不同的兩回事。

獲得諾貝爾獎的學者，都對自己的研究自信十足。不過那是謙虛地持續探究智慧所帶來的自信。不思努力，只知道毫無根據地驕傲自滿，這種人是不可能得獎的。

蘇格拉底並沒有得過什麼獎，卻成為哲學之父，留名青史。這並不是因為他比任何人都優秀，而是因為他比任何人都要謙虛。

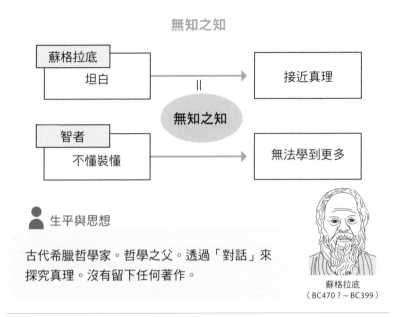

希臘哲學

蘇格拉底——對話

為何提問很重要？

人們常說提問能力非常重要。在商場上如此，在學校也是如此，但是我們的社會特別拙於提問。開會時也是，如果提出問題，有時還會招來白眼。而在學校，如果有同學提出問題，甚至會把老師嚇一大跳。但一般又說提問很重要，這是為什麼呢？要思考這個問題，蘇格拉底的**對話**可以派上用場。

蘇格拉底在晚年，因為腐化青年思想等理由而受到審判。不過蘇格拉底只是到處向人提出問題而已。他抓住每一個年輕人，不斷地提問。因為他認為**不斷地提出問題，就能接近真理**。這就是對話。

而且這時候最重要的是不能立刻說出答案，而是讓對方有機會自行思考。如果一下子就說出答案，對方就不必思考，也沒有思考的機會了。結果就只是被動地聆聽而已，這樣是不會有幫助的。只要想想我們在學校聽課的消極模樣就可以明白了。

如果沒有人提問，只是老師單方面地講課，學生就只會糊里糊塗地聆聽而已。以這個意義來說，老師應該要多多提問才好。亦即不是單方面地灌輸知識，而是協助學生自

對話

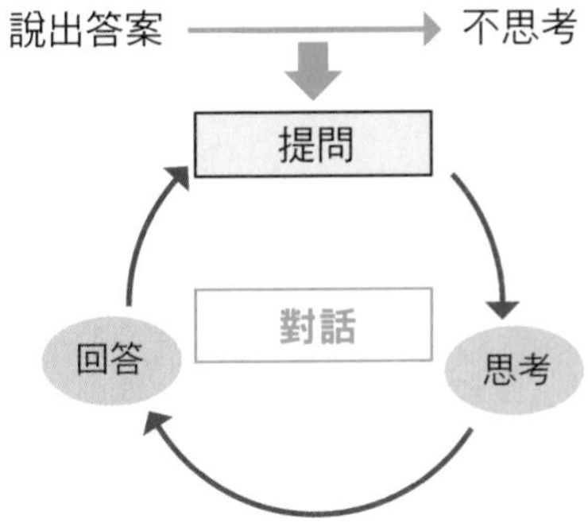

主要著作

蘇格拉底本身沒有著作。因為從「對話」這個名稱也可以看出，這是雙方透過對話，來積極進行思辯的方法。

蘇格拉底
（BC470？~ BC399）

行思考。

蘇格拉底的對話也是**協助對方自行找出答案**，就像協助生產一樣，因此也叫做「助產術」，據說被蘇格拉底問到的人，會像被電鰩電到一樣受到刺激，因此蘇格拉底也被比喻為電鰩。由於他會刺激年輕人，這樣的行為被當局視為一種危險，但蘇格拉底絕不退縮。

如果不窮追不捨地提問，就無法接近真理。不僅如此，甚至沒有契機去進行思考。這就是為什麼發問如此重要。

在會議上也是，如果不提問，企劃能力將無法獲得改善。在學校如果不提問，永遠都無法解開疑問。從明天開始，請務必鼓起勇氣舉手發問吧！通往真理的大門一定會為你敞開。

柏拉圖——理念

為什麼必須懷疑現實？

有時人會說：要懷疑現實。但是要懷疑眼前看到的現實，實在是一件很累人的事。有什麼必要去懷疑現實呢？古希臘哲學家柏拉圖的「理念」概念有助於回答這個問題。

理念是柏拉圖哲學的中心概念，原本指的是事物的形貌。不過這裡指的並不是我們眼睛看到的外表，而是透過心眼洞察的事物真實面貌、原型。

以感覺捕捉到的事物是流動的，但「理念」是永恆不變的存在。一切的事物皆不過是理念的投影，因此我們必須找出它真正的形貌。在這裡，柏拉圖使用了「洞穴比喻」。也就是我們看到的只是事物投射在洞穴牆上的影子罷了，不能被影子所迷惑。

比方說，玫瑰有玫瑰隱含的理念，圓有圓隱含的理念。因此我們只是看到玫瑰花蕾，就能想到盛開的玫瑰。只是看到扭曲的圓，卻能在心中描繪出完整的圓。這完全是因為我們**腦中有玫瑰和圓的理念**之故。換句話說，**理念即是事物的理想樣貌**。那是唯有透過理性才能確實捕捉的事物。

柏拉圖將理念構成的永恆不滅的世界，

理念

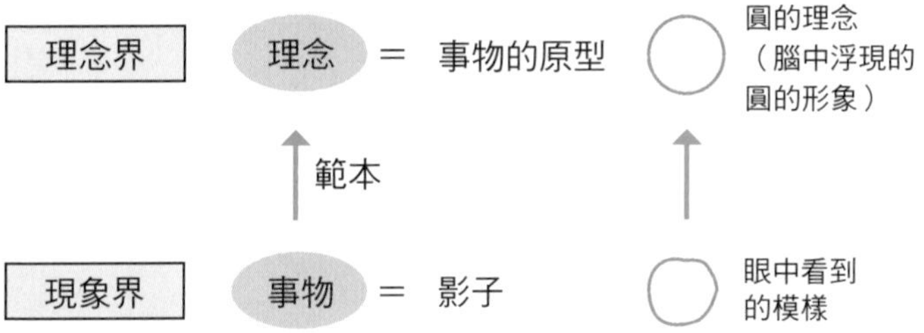

生平與思想

古希臘哲學家。蘇格拉底的弟子。提倡相對於現實的世界，還有個完美的理想世界「理念界」。

柏拉圖
（BC427 ~ BC347）

與感覺構成的現實世界區分開來。前者是理念界，後者是現象界。**不斷變遷的現象界，是以永恆不變的理念界為範本而存在。**

這就是現實與理想的**二元世界觀**。它源自於現實世界應該總是以理想世界為範本而存在的觀念。

而我們必須懷疑現實的理由就在這裡。既然我們目睹的現實只是事物真正形貌的投影，就不能輕易相信它。**對於眼前的事物，要以批判的眼神去看待，並想像它理想的形貌**。因為**理想只有心眼才能看見**。讓我們更進一步磨鍊心眼吧！

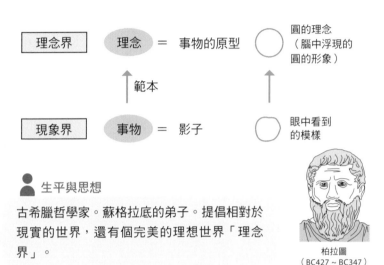

希臘哲學

柏拉圖——欲愛

愛是什麼？

愛是什麼？這是哲學史上最古老的問題之一，也可以說是一般人最感興趣的問題。人為何會愛上別人？為何單戀更熱烈？我們盡可能回溯到古老的哲學家思想，來思考這個問題。這裡想要參考的，是古希臘哲學家柏拉圖的欲愛（erōs）這個概念。

聽到欲愛，也許會聯想到性方面的欲望，但柏拉圖說欲愛就是愛的本質。柏拉圖認為事物的本質是「理念」這個理想的狀態，**想要追求這理想狀態的衝動就是欲愛**。因此欲愛也可以用來指純愛。附帶一提，柏拉圖式的戀愛，指的就是精神戀愛。

追求理想的狀態，便是得到自己缺少的事物，以獲得充實感的活動。柏拉圖認為愛也有相同的性質。比方說在〈饗宴篇〉裡，柏拉圖描寫了擁有兩張臉、各有兩對手腳的雌雄同體怪物安卓基諾斯。

安卓基諾斯成天以牠萬能的力量胡作非為，因此被神劈成了兩半。被拆散的兩個身體為了再次合而為一，渴望彼此，卻再也無法恢復原本的狀態。這便是男女彼此追求的肇始。

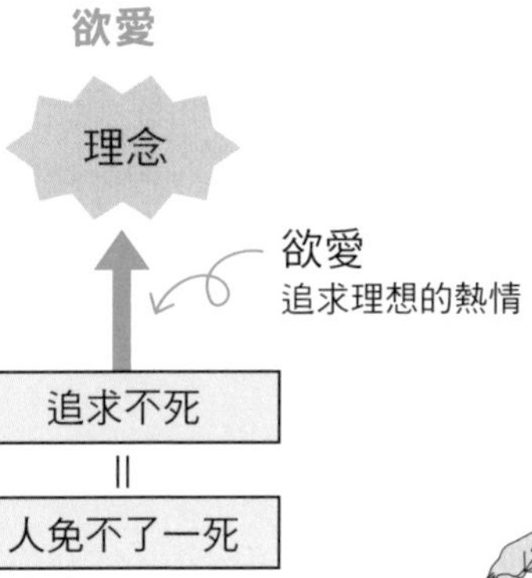

主要著作

〈饗宴篇〉：《對話錄》中的一篇，談論關於愛。〈蘇格拉底的申辯〉：描寫師父蘇格拉底所受到的審判，以及他的思想。

柏拉圖
（BC427 ~ BC347）

在究極之處，**柏拉圖著眼於人終要一死，因此人類才會追求永恆的理想**。這股熱情就是欲愛。

在哲學的世界裡，其他還有基督不求回報的聖愛（agape）、朋友之愛的友愛（philia）等愛的概念。但相對於聖愛是愛對方超過自己、友愛是愛對方就像自己，欲愛則是**愛自己勝過對方**，這是不一樣的概念。

像這樣一看，愛是形形色色，不過可以看出其中戀愛的愛就像柏拉圖所說的，是追求對方的心情。從這個意義而言，也能理解為何單相思的時候會愛得特別熱烈了。當然，也不是永遠單相思下去就好……。

亞里斯多德——事物是如何發展的？

四因說

事物是如何發展的？比方說，花為何會綻放、屋子是怎麼蓋起來的？我們不太會去思考這些事情的原理。在思考這類事物的發展過程時，古希臘哲學家亞里斯多德的四因說是最適合的方法。

在希臘語中，原因是aitia，原本意味著事物的責任。也就是認為凡事都應該有它產生的責任，就像是無火不生煙。沒錯，亞里斯多德認為火亦是萬物根源（本源，archē）之一。

亞里斯多德認為萬物生成、存在的原因有以下四點：事物生成的元素，也就**材料的**物質因、**事物原型的**形式因、**事物肇始的**動力因、**事物終結的**目的因。一切的事物，都以這四個原因為必要條件而存在。不光是人工物，自然物也是一樣。

有趣的是，亞里斯多德所說的動力因也譯為運動因，將事物視為運動的過程。運動指的不僅是物體的移動，也包括了性質的變化。從種子萌芽到開花的這一連串變化，也是運動的一種。

拿來對照蓋房子的過程，物質因便是材

四因說

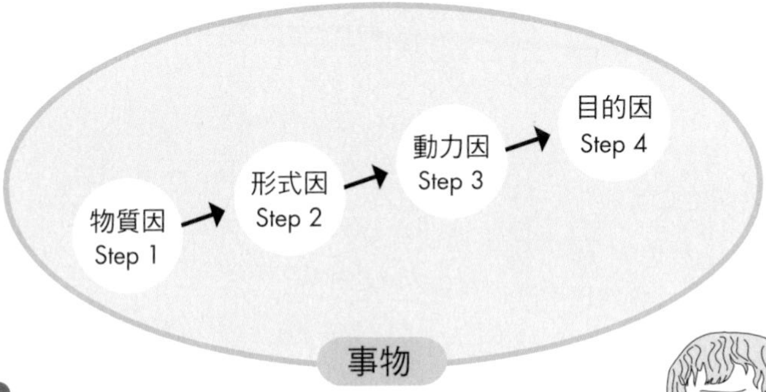

生平與思想

古希臘哲學家。被稱為「萬學之祖」。思想異於其師柏拉圖，十分現實主義。

亞里斯多德
（BC384～BC322）

料、形式因是設計圖、動力因是建築行為、目的因是建築物（居住）。換言之，物質因是step1，形式因是step2，動力因是step3，目的因是step4。將它一般化做為工作流程，就是「**對象↓構想↓實踐↓完成**」。

亞里斯多德對四因說很有自信，他認為在討論原因時，任何人都會以某些形式提到這四個要素。

此外，亞里斯多德對一切事物，都採取可能性皆會實現的原理，這意味著這裡所說的物質因，最後都會變成形式因或目的因的形態。所以在分析事物的原因時，四因說非常值得參考。

希臘哲學

亞里斯多德——中庸

什麼才是最好的選擇？

我們的日常生活伴隨著選擇。從中午要吃什麼的小事，到應該選擇什麼職業等大問題，都需要選擇。不過大部分都會做錯選擇而後悔。到底該怎麼做，才能做出最好的選擇呢？

這時可以做為參考的，是亞里斯多德提出的中庸概念。中庸便是恰如其分之意，中國也有相同的思想，即孔子認為人應該要維持無「過與不及」的適當態度。有趣的是，古希臘也有完全相同的概念，叫做mesotes，一般也譯為中庸。

亞里斯多德所說的中庸，是值得獎勵的美德。他說：「對於恐懼、自信、欲望、憤怒、憐憫這些快樂與痛苦的情緒，人們有時感受過於強烈，有時卻又無動於衷，這兩種都不好。這些快樂與痛苦的情緒，在恰當的時候，對恰當的對象、恰當的人，出於恰當的動機，以恰當的方式去感受，即是中庸，同時也是最理想的，這便叫做美德。」

換言之，中庸就是**兩個極端的中間**。具體來說，膽小與蠻勇之間最恰當、最中間的狀態是勇敢。同樣的，麻木與放縱的中間是

中庸

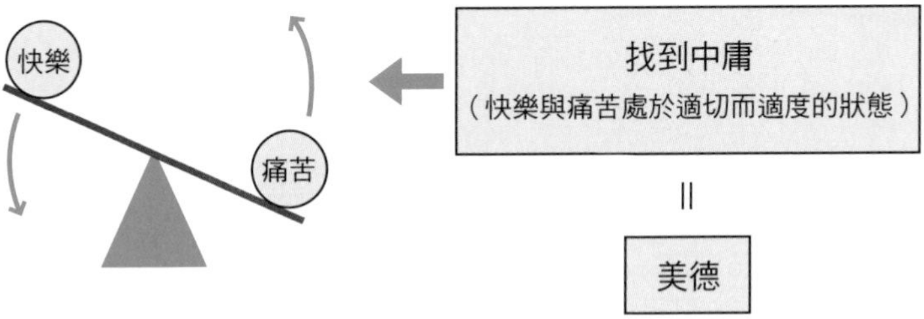

主要著作

《形上學》：以探求現象背後的本質為主題，也提到四因說。《尼各馬可倫理學》：闡明中庸的倫理學著作。

亞里斯多德
（BC384～BC322）

節制，盲從與冷漠的中間是友善，自卑與傲慢的中間則是誠實。

聽起來很簡單，但實踐起來困難重重。走極端是很簡單的，比方說別人叫你自卑，只要說「我這個人實在沒用」就行了；若別人叫你自誇，則只要大力說自己的好話就行了。但是聽到要誠實，各位會怎麼做？很困難對吧？因為人**就是會無可避免地走極端**。

那麼這樣做如何？**在自卑與自傲的情況中，避免認為自己一無是處，而是去想自己也有一些優點。同時也要避免過分相信自己幾乎完美無缺，也要反省一下缺點**。唯有如此，才能維持平衡。

以這個意義來說，找到中庸、選擇中庸，才是最理想的。

奧古斯丁——二元世界觀

基督教與哲學是什麼樣的關係？

西方各國是基督教國度，同時也具備古希臘以來的哲學傳統。這兩者是在何時相遇、又是如何折衷的呢？要解答這個問題，奧古斯丁的二元世界觀可以做為參考。

奧古斯丁最大的功勞，在於**說明基督教與古希臘哲學彼此並不矛盾**。他毋寧是主張基督教與哲學的目的同樣在於認識至高的存在，也就是真正的哲學家即是深愛上帝的人，是為了協助神學而探究真理的。當然，神學也利用哲學的理性來審視信仰內容，加以闡明。奧古斯丁並且搬出柏拉圖，欲說明兩者間的相似之處。他引用柏拉圖所說的現實世界與理念界的二元世界觀，認為這便是在說明基督教的世俗之城與上帝之城的關係。

換句話說，就像柏拉圖藉由「欲愛」（erōs）這個追求理想的熱情，從現實世界到達理念界，奧古斯丁說明信徒可以透過教會中的信仰，從世俗之城前往上帝之城。這便是他的教父哲學。教父原本指的是努力建立基督教正當教義的教會指導者，奧古斯丁便是實踐了這個任務。

二元世界觀

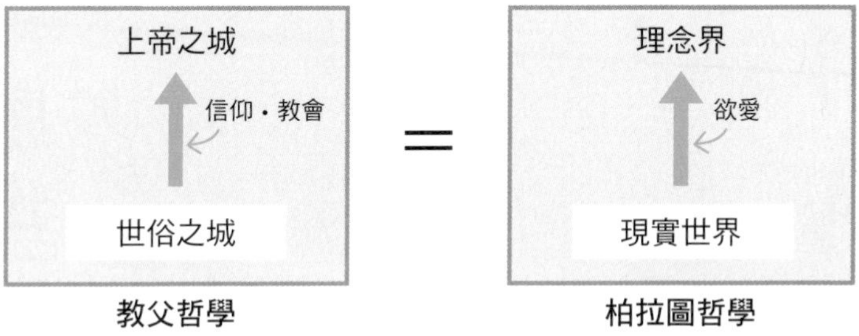

生平與思想

古代哲學家。原本信奉摩尼教，後來改教。為了以柏拉圖哲學鞏固基督教基礎而奉獻，被稱為「最偉大的教父」。

奧古斯丁
（354～430）

就像柏拉圖說理念無法看見，只能以心眼到達，奧古斯丁也認為上帝是無法看見的。不過一切的理念都在上帝之中，上帝利用理念來創造世界，因此**我們能夠從這個仿造的世界前往上帝的理念**。

那麼，世俗之城與上帝之城又是什麼關係呢？兩者永遠都是平行的嗎？關於這一點，奧古斯丁說這兩者是對立的，最終將是上帝之城贏得勝利。奧古斯丁身為教徒，會偏袒教會也是無可厚非之事。不管怎麼樣，以他描繪的二元世界觀為基礎的奧古斯丁教父哲學，是徹底論述基督教與哲學關係的第一個成功例。

奧古斯丁——救恩論

教會是什麼？

很多人即使不是教徒，也上過教會吧。有人在教堂舉辦婚禮，也有許多教堂成為觀光景點。不過，教堂當然是基督教徒舉行儀式的地方。既然如此，為何要蓋得那麼豪華絢爛呢？教會究竟是什麼呢？要回答這個問題，奧古斯丁的救恩論可以做為參考。

救恩是上帝對人無條件的影響。換句話說，救恩是**不論人是否良善，上帝都會無條件賜與的愛**。不，甚至有些觀點認為愈是罪孽深重的人，愈能得救。

因此認為自己過去人生充滿罪孽的奧古斯丁，也根據傳統的基督教教義，主張救贖是來自於上帝的救恩。不過異於過去思想的是，相對於傳統僅在信仰中尋找救贖，奧古斯丁卻賦予了教會與羅馬教皇特別的地位。

也就是說，奧古斯丁把通往天國的鑰匙，交給了上帝為救贖人類而建立的救恩機關——教會，以及擔任耶穌代理人的羅馬教皇。

奧古斯丁本身在北非的希波教會擔任主教，以主教身分為教會鞠躬盡瘁。至於他有多重視教會，從他把教會稱為上帝之城的

救恩說

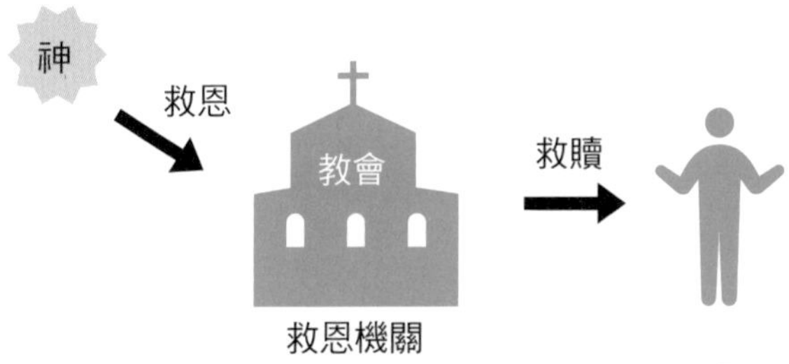

主要著作

《懺悔錄》：描寫自己的放蕩時代到歸教歷程的自傳。《上帝之城》：描寫二元世界觀，世俗之城與上帝之城的歷史。

奧古斯丁
（354～430）

「聖別之地」便可見一斑。不過教會並非上帝之城。奧古斯丁說，當教會裡的善與惡終極分離的時候，教會才會成為上帝之城。

這樣的發想，**衍生出並非所有的人都能得救，唯有預先被挑選的人才能被救贖的預定論**，因此才會掀起爭議。

並且，**教會以此為契機，勢力開始壯大起來**。全世界會留下那麼多豪華的教堂，就是出於這樣的理由。羅馬教廷會荒唐地發售贖罪券，威脅信徒不買就無法得救，遠因或許也出在這裡。

就像這樣，奧古斯丁的思想雖然引發了種種爭議與問題，仍做為中世紀代表性的基督教哲學，在歷史留下了巨大的腳印。

基督教哲學

阿奎那——目的論式的世界觀

哲學在中世紀的地位如何？

中世紀是受到基督教支配的時代。既然基督教是當時的宗教，上帝就是絕對的，不容質疑。但**自古希臘以來的傳統哲學卻要求去懷疑一切，包括上帝在內**。因此該如何與哲學折衷，便成了當時的一大問題。哲學究竟被如何看待？阿奎那的目的論式的世界觀可做為這個問題的參考。

阿奎那寫下神學集大成的《神學大全》，也是經院哲學的完成者，可以說是嘗試融合基督教與哲學的學者。經院（schola）就是學校（shool）的語源，指的是附屬於教會的學校。所謂經院哲學，便是在經院所教導的基督教哲學。因此阿奎那才會被稱為「經院哲學的完成者」。

阿奎那這名思想家致力於鑽研如何將十字軍東征後在歐洲重新被發現的亞里斯多德哲學，與他所信仰的基督教融和在一起。其實當時亞里斯多德的哲學早已被世人遺忘，這時才又透過阿拉伯世界反過來進口，因此利用亞里斯多德哲學的概念來解釋基督教的風潮正盛。

一言以蔽之，阿奎那**努力將亞里斯多德**

目的論式的世界觀

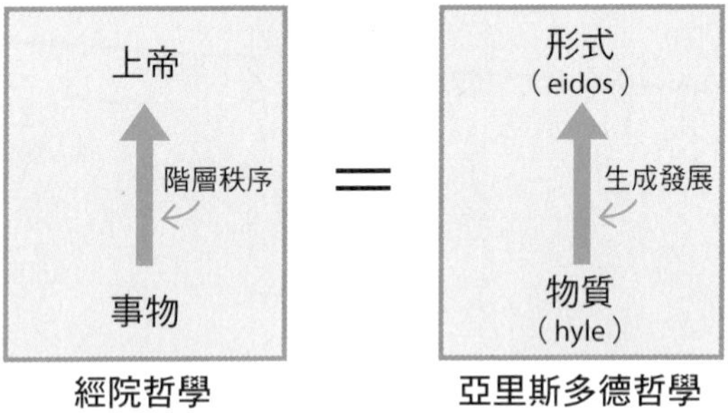

生平與思想

中世紀哲學家。利用亞里斯多德哲學為基督教打下基礎。被稱為「經院哲學的完成者」。

湯瑪斯・阿奎那
（1225?～1274）

的目的論式的世界觀，亦即一切事物皆會從物質（材料）朝形式（完成的形象＝目的）生成發展的觀念，與基督教階層秩序中一切事物皆朝上帝靠攏的觀念重疊在一起來理解。這便是經院哲學的具體內容。

不過，亞里斯多德所說的形式與上帝不同的是，前者用於區別事物的存在與本質，而後者是指「**事物的存在與本質是一體的**」。上帝的存在即是本質。換言之，世上有些事物即便有概念，但實際上並不存在，但就上帝而言，絕不可能有這種情形。上帝之所以位於階層秩序的頂點，就是這個理由。

阿奎那最大的功績，便是巧妙地將亞里斯多德的哲學重疊在基督教的教義上，說明兩者之間並無矛盾。

基督教哲學

阿奎那

上帝是什麼？——存在的類比

上帝是什麼？這可以說是從古至今，最令人詞窮的深奧問題了。每一個宗教答案都不同，還會依文化而異。即使是沒有信仰的人，大多數也相信有上帝的存在，卻無法明確地說明上帝是什麼。在思考這個難題時，**阿奎那的存在的類比**概念可以做為參考。

阿奎那利用亞里斯多德的哲學，將世俗之城的人類與上帝的存在做為對比來論述，但他絕對不是將兩者的存在視為同一次元。上帝是偉大的存在，因此那完全只是一種類比。

比方說，即使能說「人：人的存在＝上帝：上帝的存在」，也不能說「人的存在＝神的存在」。人存在於上帝的存在之中。換言之，即使將人的本質與存在加起來，依舊比不過上帝的本質。這樣的觀點，稱為存在的類比。

對阿奎那來說，上帝是被視為存在論首要基礎的絕對概念。要了解上帝、談論上帝，別無其他法門。**我們只能了解身為被造物的人。因此對於上帝，只能透過類比思考去想像**。上帝就是如此偉大。

存在的類比

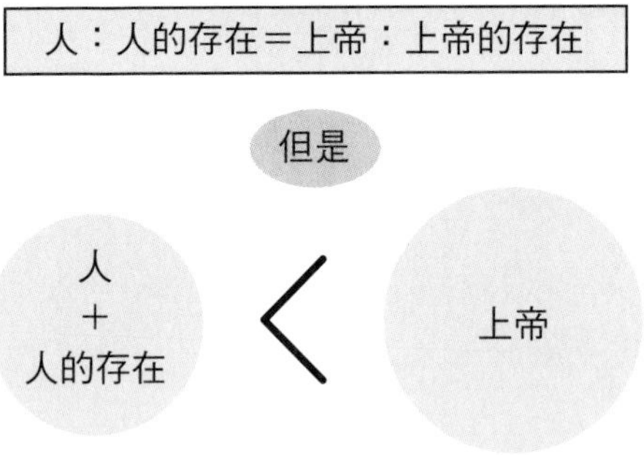

湯瑪斯・阿奎那
（1225?～1274）

主要著作

《神學大全》：匯整神、人、基督等有關神學一切主題的著作，為中世紀基督教神學奠定了體系。

阿奎那還說，上帝便是「存在本身」。換句話說，雖然一切事物的本質與存在不同，但就上帝而言，本質與存在卻是無法區別的。譬如，如果說「他是正確的」，「他這個存在」與「正確這個本質」可以分開來看待。但是對於上帝，「上帝是正確的」，就意味著「上帝＝正確」。要不然就必須說上帝不僅是正確的，還是偉大的，更是絕對的……像這樣無限擴大下去，永遠都無法完全表達出上帝的本質。因此在這個世界，唯有上帝能夠是「存在＝本質」。

這樣的發想，也反映在阿奎那對哲學的態度上。他斷定「**哲學是神學的婢女**」，將信仰置於理性之上。不過這並非意圖要排除理性，反倒是為了在信仰占上風的社會中，為理性確保一席之地。

蘇格拉底以前的哲學家

第一章介紹了古希臘的哲學家，尤其是被稱為哲學之父的蘇格拉底。但其實在蘇格拉底以前也有哲學家，只是因為蘇格拉底太偉大了，而且是第一個正式實踐哲學的人，所以後人都視他為始祖。

因此蘇格拉底以前的哲學家被稱為 Vorsokratiker，意思是「蘇格拉底以前的人」。或是因為他們主要以闡明自然的本質為目的，也被稱為自然哲學家。

自然哲學家追尋萬物的根源「本源」（archē），意圖闡明自然現象。譬如被稱為第一位哲學家的泰勒斯，便主張水是萬物的根源。而以「萬物皆流」一說聞名的赫拉克利特，則認為火才是萬物的根源。

或是德謨克利特，他認為萬物是由原子構成的，他的原子論後來得到了近代科學的證實。此外，以畢氏定理聞名的畢達哥拉斯，則認為數字能解釋一切。

我們必需留意，在蘇格拉底以前也有著哲學家探究智慧的前史，然後才有蘇格拉底、柏拉圖這些我們熟悉的希臘哲學家登場。活在二十一世紀的我們，也才能站在他們智慧耕耘的延長線上繼續思索。

Chapter

2

關於人的思考

從文藝復興時期到近代初期

馬基維利——權術

何謂真正的領導力？

什麼才是真正的領導力？我們社會因為過度的平等主義教育，變得無法培育出領導者了。為了追求公平，有些學校甚至不設班長。

這裡要介紹一個概念，可以在思考領導力的意義時做為參考，那就是權術。這是義大利思想家馬基維利在《君主論》中提出的想法。馬基維利提出的君主論極端冷酷，充滿現實主義。為達目的不擇手段、惡名昭彰的權術，原文正是來自於作者馬基維利之名的Machiavellianism。它也可以說是一個用來揶揄強權政治家的詞彙。

馬基維利原本是佛羅倫斯共和國的書記官，參與外交事務，後來失勢，寫下《君主論》。當時義大利小國林立，彼此敵對，政情動盪不安。一般認為馬基維利就因處在這樣的氛圍中，又或是以外交官身分觀察他國君主，才會形成他講求現實的政治思想。

譬如說，馬基維利在談論該如何當一名君主的君主政體論中，指出一個新興君主必須一切從零開始，因此困難重重，就好像支配一個風俗民情迥異的國家一樣。他說這種

權術

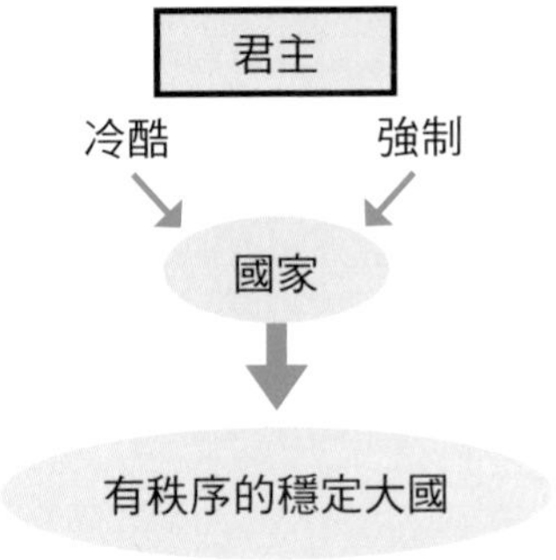

生平與思想

義大利政治思想家、外交官。為徹底的現實主義者，以奠基於實務經驗的敏銳政治論、領導者論而聞名。

馬基維利
（1469～1527）

時候，**君主必須採取「強制手段」**。馬基維利基本上不信任人。從這裡可以看出他現實主義的根源。

他主張君主必須冷酷，因為**慈悲為懷反而會招來漫無秩序，放任殺戮與掠奪**。與其濫用慈悲，倒不如藉由最起碼的殺雞儆猴，來打造一個有秩序的穩定大國。「比起受人民愛戴，讓人民恐懼才是理想。」如此斷定的馬基維利，他的哲學思想一貫地徹底。他認為必要的時候甚至可以拋棄良善，採取邪惡手段。

馬基維利將狐狸和獅子視為典範。因為狐狸狡猾，不會落入陷阱，而獅子強悍，不會輸給其他動物。他認為君主應該具備這兩種能力。可以說，**真正的領導能力，也需要具備這樣的狡猾和強大**吧。

馬基維利

怎樣的政體才是理想？

——共和制

什麼樣的政體才理想，真是個教人傷透腦筋的問題。民主制當然是最合適的，但絕對不能說是最好的。因為民主制有可能落入多數支配，或引來民粹主義。君主制則全賴君王的人格，而貴族制也許是智者執政，卻也無法避免貪腐。要思考這個困難的問題，現實主義者**馬基維利**的**共和制**概念可以提供參考。

馬基維利認為君主制、貴族制、民主制這三者混合的制度，即是最理想的政體。他認為古代羅馬共和制就實現了這個理想。馬基維利的目標絕對不是暴君支配的荒蕪國家，而完全是有秩序的穩定大國。證據就是，他在另一部主要著作《論李維》中，以共和制羅馬的發展歷史及佛羅倫斯的文化為基礎，展望一個新的共和國度。

也就是說，我們可以解釋為馬基維利的理想是共和政體，他為了克服現實中的困難，實現共和政體的理想，才會談論君主制。但君主制只是個例外，馬基維利原則上完全是以共和制為理想。基本上馬基維利高度肯定民眾的判斷力，因為單純地來看，君

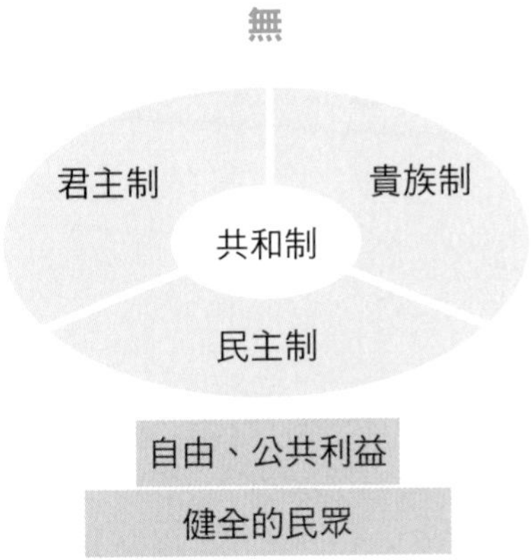

主要著作

《君主論》：以現實主義觀點論述的政治哲學。《論李維》：以君主制、貴族制、民主制融合的共和制為理想。

馬基維利
（1469～1527）

主是個人，相較之下，民眾更能追求公共利益。君主怎麼樣都免不了會去追求個人利益。

馬基維利認為**由民眾支配的共和國，除了是自由的體制以外，同時還會追求這樣的公共善**。然而問題是人類天性貪婪，難以持續堅持理想。馬基維利身處的時代異於古羅馬，個人道德已經搖搖欲墜。

因此為了維持民眾的健全，馬基維利重視法律、教育以及宗教的力量。唯有站在這樣的基礎上，共和制才能夠成立。

如果不可行，也就是社會已然腐敗的話，就只能仰賴一名有力人士出面引導民眾了。這便延伸到他《君主論》中提到的權術。但基本上，馬基維利仍可視為是共和制的支持者，這一點務必要留意。

文藝復興哲學

蒙田——道德家

人為何需要目標？

常說人應該要有目標，但為何人需要目標呢？思考這個問題，也就是思考如何生活。這時道德家這個概念可以做為參考。

道德家moralist一詞源於道德moral，顧名思義，可以知道它指的是書寫道德的人。換句話說，是審視人應有的樣貌，提出建言的作家總稱。但是他們異於近代闡述道德哲學的思想家，並不會提出某些規範，或建構體系。

他們的目的完全是根據自己的體驗，隨心所欲地書寫，並在著作中建議道德的生活方式。因此即使就形式上來說，與其說是系統性的思想，反而更接近散文或箴言。

代表性的人物，有十六至十八世紀在法國活躍的思想家，蒙田與帕斯卡。特別是蒙田的《隨筆錄》，更含有許多道德家範本的要素。

《隨筆錄》的原書名Essais，來自法文essayer，意思即嘗試。亦即透過試驗、發揮判斷力所得到的結果，就是這本書的內容。蒙田在本書開頭便揭示自己對人的觀點，就是「**人是驚人地空虛、多樣而變動的存在**」。

道德家

形式	隨筆、箴言
內容	提議道德的生活方式
目的	審視人應有的樣貌

生平與思想

法國思想家、道德家。從懷疑論的立場探究人的生活方式。主要著作《隨筆錄》對近代哲學也有重大的影響。

蒙田
（1533～1592）

蒙田主張由於人是這樣的存在，因此需要目標。他把這種天性比喻為一陣所向披靡的風。換句話說，對於在這個風中擺盪的靈魂，若是不賦予它一個憑恃之處，就會迷失在自我當中，暈頭轉向了。因此必須隨時給靈魂一個做為目標邁進的對象。

不是人類很堅強，因此渴望目標，反而是因為人類太脆弱，沒有目標就無法撐下去，這個說法令人不禁大表贊同。蒙田對人的觀察可以說極為敏銳，**不對人做出過高的評價，但視其為具備理性的存在，才能做出這樣的分析**。這正是道德家特有的觀點。

蒙田——我知道什麼？

我知道什麼？

我知道什麼？聽到這個問題，會教人不知所措。被這麼一問，我們才發現原來自己一無所知。其實蒙田就曾像這樣捫心自問。

蒙田畢生都在探究人以及人理想的生活方式，因此他總是在尋找可做為範本的傑出生活方式。對蒙田來說，可做為典範的傑出人物，似乎是以下三人：第一位是古希臘的詩人荷馬、第二位是亞歷山大大帝、第三位是希臘將軍埃帕米農達。

至於蒙田為何會尊敬這三人，理由很多，但共通之處，便是對他們的**知性的讚賞**。因為蒙田極為重視知性。

蒙田斷言，再也沒有比求知欲更根植於人類本性的欲望了，因此人會試遍一切方法。運用理性不必說，當缺少理性時，則會運用經驗。

換句話說，蒙田基本上將理性視為知性的泉源予以重視，但他主張當缺少理性時，是可以靠經驗來彌補的。他想要加以試驗的判斷力，便是除了理性之外，並受到經驗所支持的強韌知性。確實，只要同時具備理性和經驗，無異於如虎添翼。因為在哲學史

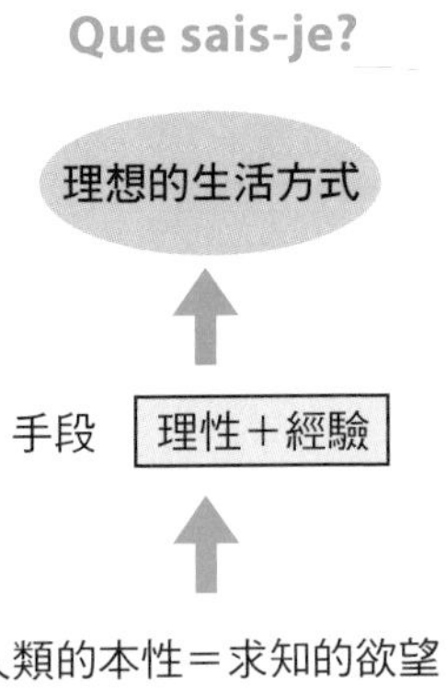

蒙田
（1533 ~ 1592）

主要著作

《隨筆錄》：如實觀察人，非系統性而是隨心所欲地撰寫的隨筆文學先驅。

上，長期以來一直有著理性與經驗何者較重要的爭議，但如果能兩者兼具，自然再好不過了。

蒙田還提出了「Que sais-je？」這個問題，即是開頭介紹的「我知道什麼？」的意思。儘管飽覽群書，具備超乎常人的知性，蒙田卻直到最後都不停地提出這個問題。這意味著他畢生都在追求理想的生活方式。

我們恐怕是一無所知的，因此才會求知若渴，一輩子尋尋覓覓。也許活著就是這麼回事。因為**如果停止求知，就失去身而為人的意義了**。

帕斯卡——敏感性精神

何謂思考？

什麼是思考呢？聽到思考，我們很容易想到邏輯性的思考，但法國思想家帕斯卡主張，光是這樣還不足夠。

帕斯卡在其主要著作《思想錄》的開頭，主張人需要具備「幾何學精神」與「敏感性精神」。所謂幾何學精神，是以定義和原理去客觀分析事物的精神。相對地，敏感性精神指的是以直覺去鳥瞰整體的精神。亦即，**幾何學精神是合理思考的精神，而敏感性精神則是以感性去觀察的精神。**

在這一點上，帕斯卡批判對手笛卡兒，說**笛卡兒不懂敏感性精神**。因為笛卡兒擅長據理思考，卻把人當成機器。

帕斯卡則主張人異於機器，極為複雜，必須更深入了解才行。他下面這段話也可以反映出這樣的想法：「人必須了解自我。即使無助於發掘真理，至少也有助於規範自己的生活。而且再也沒有比這更正當的事了。」

帕斯卡的基本洞察，是人**類在精神上是脆弱的**。因此人只要在前方擺上一個可以遮蔽視野的東西，看不到前方的絕壁，就

敏感性精神

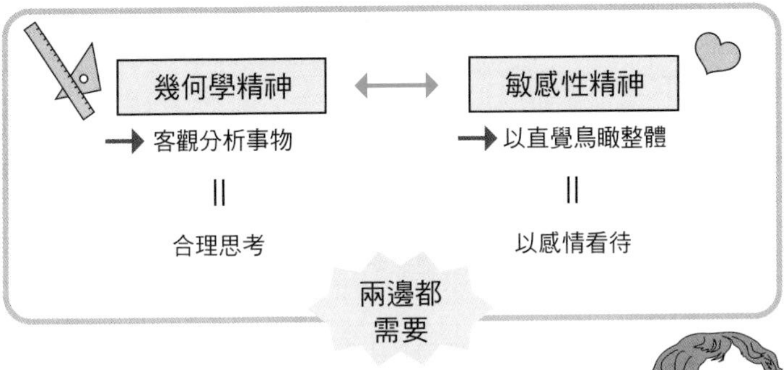

生平與思想

法國科學家、思想家、道德家。以隨筆風格描寫人的生活方式。在數學、物理學方面也有許多發現，「帕斯卡定理」即是其一。

帕斯卡
（1623～1662）

可以安心地朝絕壁奔去。因為如果胡思亂想得太嚴重，將會連一步都無法跨出去。他像這樣描述想像力如何與人為敵：「想像會做出誇大的評估，把渺小的對象擴大到充斥整個靈魂，而魯莽的自大則會將巨大的事物縮小到自己的格局，就像我們在談論上帝時那樣。」

帕斯卡留下的許多箴言歷久彌新，能為現代人的生活方式及煩惱提供極有助益的指南。《思想錄》的法文原名Pensées，即是「思想」之意，但我們必須留意，它指的不單是邏輯性的思考，還包括了感情所感受到的內容。

實際上我們在思考事情的時候，也應避免只知道邏輯性地死板思考，反倒該設法**同時善用感情來做全面性的評估**。

近世哲學

帕斯卡——會思考的蘆葦

人與植物有何不同？

人與植物都是生物，但我們將人類與植物嚴格區分開來，這是為什麼？對於這個問題，帕斯卡的《思想錄》明確地提示了答案。

《思想錄》透過分析人類的思考與行動，最終目的在於證明基督教的真理性。不過另一方面，帕斯卡也是藉由隨筆形式分析人應有的樣貌、勸人在道德上向善的「道德家」。以這個意義來說，這本書也是探索道德生活方式的著作。

《思想錄》的具體結構分為三部分。第一部分是關於人的偉大與悲慘的矛盾。第二部分是關於哲學家在解決這個問題上的無力。第三部分則是關於基督的愛將我們從悲慘中拯救出來的救贖。

這裡要特別著重在開頭關於人的偉大與悲慘的矛盾這部分。這部分最知名的句子，應該是「人是會思考的蘆葦」吧。蘆葦是脆弱的植物，輕易就會折斷。正確地說，帕斯卡是這麼說的：「**人類不過是大自然中最脆弱的一支蘆葦，卻是會思考的蘆葦。**」

人類就像蘆葦一樣，是脆弱的存在，但是在會思考這一點上，與蘆葦完全迥異。選

人是會思考的蘆葦

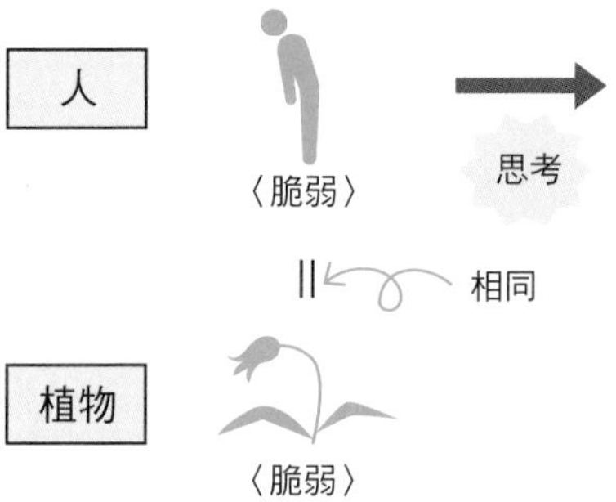

主要著作

《思想錄》：整理帕斯卡留下的殘篇斷簡而成，主題五花八門，包括神學、哲學、道德等等，也有許多適用於現代的名言。

帕斯卡
（1623 ~ 1662）

擇蘆葦這種植物，可以看出帕斯卡獨特的感性。

思考這個行為，是人類所獨有的。反過來說，這也表示人需要思考、需要煩惱的事情就是這麼多。但人絕不會丟下煩惱或是逃避，而是努力去面對它。在這一點上，人比植物更要堅強。我們雖然會為自己的脆弱和悲慘而嘆息，但那正是我們比植物和動物更來得偉大之處。

我們必須認清人類的這種脆弱與堅強，並更加自覺到思考的偉大。換句話說，重要的是先接納自己的脆弱，然後再透過思考站起來。因為唯有這麼做，我們才能活得像人。**否定脆弱是不對的，放棄思考也是錯的**。這就是帕斯卡想要表達的意思吧。

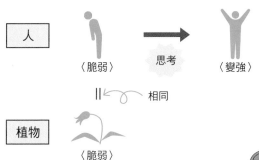

歐陸理性主義

笛卡兒——方法的懷疑

世上有絕對不容質疑的事物嗎？

這世上有絕對不容質疑的事物嗎？「Cogito ergo sum」可以回答這個問題。這是近世法國哲學家笛卡兒所說的話，也就是「我思故我在」的拉丁語。有時也稱為「笛卡兒的我思故我在」。

當時的論文一般都以拉丁文書寫，但笛卡兒為了讓自己的論文廣受一般人閱讀，刻意使用法文撰寫，因此這句話原本是以法文寫下的。

這句話在內容上展現了笛卡兒的思想核心。**笛卡兒為了發掘真理，因此懷疑一切事物**。眼前的桌子真的存在嗎？那邊那個人會不會其實是個機器人？自己現在是不是置身夢中？眼前所見的不必說，連夢都要懷疑。這種徹底懷疑事物的思考方法，就叫做「方法的懷疑」。

像這樣**徹底懷疑一切後，最後留下的就只有進行懷疑這行為的自我意識**。也就是，即使懷疑自己可能正在做夢，仍有自己的意識正在懷疑這件事的事實，是唯一可以確定的。因此唯有自己的意識是不容質疑的。

這絕對不容質疑的自我意識，是唯一確

方法的懷疑

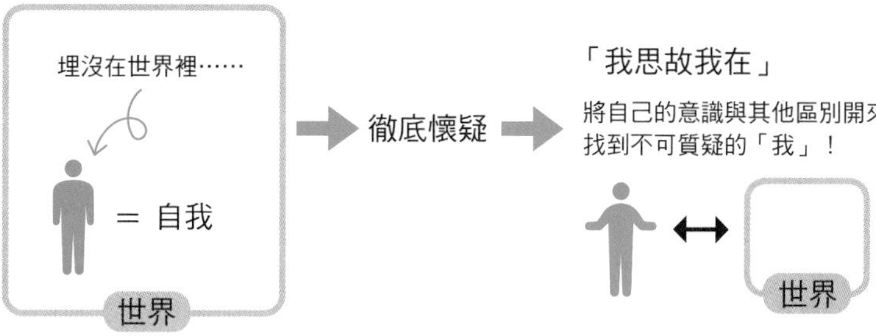

生平與思想

法國哲學家。理性主義哲學之祖。以認為不容質疑的只有意識的名言「我思故我在」而聞名。

笛卡兒
（1596～1650）

定的存在。**在懷疑之前，自己是埋沒在世界裡的，但藉由徹底地懷疑，我們可以將自己的意識與此外的事物區別開來。**

就像這樣，笛卡兒認為自我的意識是絕對的，他的思考即是**以自我這個主體為中心來思考的近代思想的原點**。從此以後，後世的哲學家便以如何確立及提升主體為主題，展開思考。

這個結論雖然很有趣，但我覺得更有意思的是方法論的部分。也就是不斷地懷疑的方法。這與堅定不移地相信是完全相反的。堅定不移地相信很辛苦，但不斷地懷疑也很累人。不過**不只是哲學，在科學等領域，為了覓得真理，也必須徹底地去懷疑**。以這個意義來說，笛卡兒的我思故我在，是所有的學問都應該參考的方法論。

歐陸理性主義

笛卡兒——心物二元論

身心是不同的兩樣東西嗎？

心靈與身體是什麼關係？這兩者是一樣的嗎？如果不一樣，至少也相依相連嗎？或者是完全無關的兩樣東西？對於這道難題，笛卡兒輕易地做出了回答。

笛卡兒說「我思故我在」，做出結論認為唯有「我」的意識不容質疑。就像這句話所象徵的，「我」的意識被賦予了特權的地位。

但並非這樣就皆大歡喜了。因為意識成為特權以後，心以外的部分就被視為截然不同的存在而被排除了。

或者說，如果賦予自我意識特權的地位，在邏輯上就非做出這樣的結論不可。因此前面才會說笛卡兒「輕易地做出回答」，因為這應該是個棘手無比的困難問題。這就是笛卡兒惡名昭彰的「心物二元論」。

亦即，笛卡兒認為**心靈、精神是「思考（思維）」，但此外包括身體的一切物質，都與機器一樣，不過是「廣延」**。廣延也就是單純的擴大。然而抱持這樣的觀點，具體上會出現問題的，就是**無法說明心靈與身體的關係**。

心物二元論

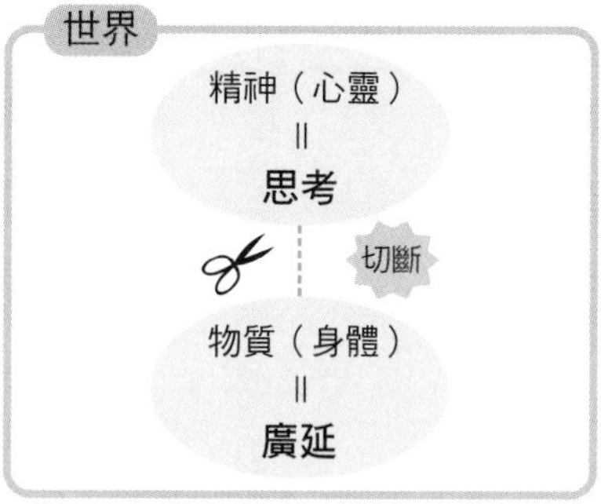

主要著作

《方法論》：考察導出真理的方法。名言「我思故我在」也出現在本書。《第一哲學沉思集》：從心物二元論談到證明神的存在。

笛卡兒
（1596～1650）

就像俗諺「病由心生」、「壓力是萬病之源」、「健全的心靈寓於健全的身體」，以常識來看，**心靈與身體應該還是息息相關的**。即使從科學的角度來看，應該也會萌生疑問：「那為什麼難過的時候會掉眼淚？」若將兩者視為性質截然不同的兩樣東西，那麼該如何解釋這種現象才好？

對此，笛卡兒說大腦有個部位叫松果體，上述現象便是大腦與松果體相互作用之下產生的結果，但是這再怎麼想都太牽強了。這個問題讓後世的哲學家頭疼不已。

話說回來，笛卡兒提出的這個問題本身是極為重要的。就像我們也認同的，自我的意識具有特權地位，但這麼一來，究竟該如何定義身心的關係？活在現代的我們，也同樣面臨這個問題。

斯賓諾莎──泛神論

上帝是什麼？

上帝是什麼？以某個意義來說，這可以算得上是西方哲學的終極課題。許多哲學家絞盡腦汁試圖回答這項問題，其中斯賓諾莎的回答可說是獨樹一格。

斯賓諾莎是承襲笛卡兒流派的歐陸理性主義哲學家之一，因此他也同樣試著以人類的理性去理解世界。

斯賓諾莎亦試圖從此觀點去解釋「上帝」。其中的主題便是「實體論」，這也是他的思想核心。他將上帝定義為實體。**所謂的實體，不需要依靠自己以外的事物來存在。這樣的存在，就只有獨一無二的上帝。**

因此上帝以外的一切事物，都只不過是在一定的限制之內，有時間性、有限地存在的特殊之物。**它們無法以自己做為存在的依據，因此沒有上帝就無法存在。**換言之，上帝以外的事物，都只不過是上帝的「樣態」。當然，就連大自然也是。上帝是大自然內在的存在根據。上面所說的**將上帝視為萬物根源的立場，或是認為一切事物都有神明的想法**，就叫做「泛神論」。

做為唯一實體的上帝，不僅是自我的原

泛神論

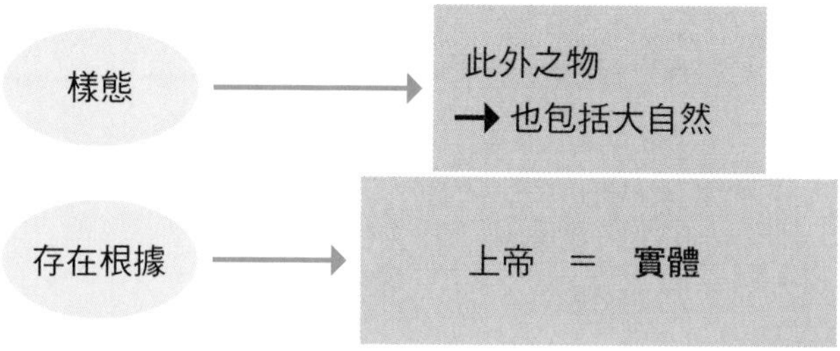

生平與思想

荷蘭哲學家。被歸類為歐陸理性主義。他在自由主義方面的言論被視為危險思想，被逐出猶太教。在泛神論方面的論述亦十分有名。

斯賓諾莎
（1632～1677）

因，更是一切事物存在的原因。更進一步說，上帝不只是單純的原因，還是「動力因」。斯賓莎諾認為**一切事物的運動，都是上帝所決定的必然**。

就像這樣，一切存在的根據都是上帝。比方說，能夠感知到上帝的線索稱為「屬性」。具體來說，「思考（思維）」與「廣延」便相當於此。而對應這兩種屬性，有精神界與物質界這兩個世界，但斯賓諾莎認為，這些也一樣只不過是上帝的兩個面向。因此人的精神，也是上帝的精神的一部分。故而人的幸福必須在親近上帝中尋找。

在西方，這算是異類觀點，但日本神道教說世上有八百萬神明，日本人認為一切自然皆有神明棲宿其中，所以這也許是日本人比較容易親近的觀點。

斯賓諾莎

身心不能是一體的嗎?

——心身平行論

關於心靈與身體的關係,笛卡兒已經提倡過心物二元論。亦即心靈是特別的,此外的事物,包括身體在內,都只不過是心靈的廣延。也就是說,身心這兩者是毫無關聯的。這樣的主張雖然總教人覺得不太對勁,卻又不知道該如何解釋才好。要怎麼樣才能說身心是一體的呢?思考這個問題時,可以參考斯賓諾莎的心身平行論。

斯賓諾莎認為唯一完全的存在、至高完全者,也就是上帝,便是一切,上帝構成了世界。這便是所謂的泛神論。如果以這個理論為前提,就可以克服笛卡兒所提倡的、認為心靈與身體彼此獨立的心物二元論的問題了。

因為根據泛神論,**心靈與身體都一樣不過是神的兩種樣態罷了。亦即僅是存在方式不同,實體是同一個**。這便是心身平行論。

斯賓諾莎原本就是承襲始於笛卡兒的歐陸理性主義潮流的思想家,他將批判性地繼承笛卡兒的思想視為使命之一。而笛卡兒最大的問題便在於這心物二元論,因此從這個意義來看,斯賓諾莎可以說化解了這個最大的

心身平行論

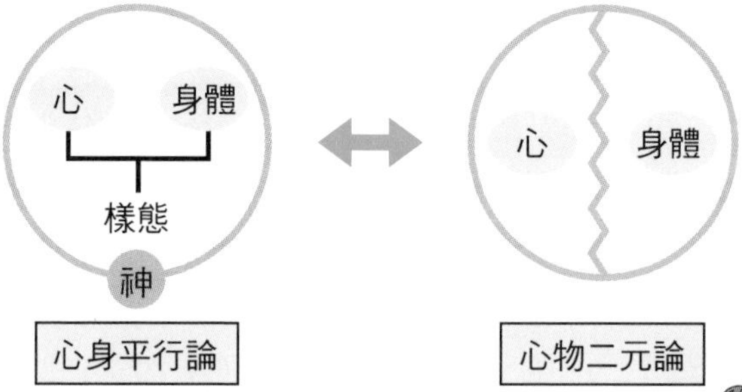

主要著作

《倫理學》：包括了存在論與認識論等廣泛主題的倫理學著作。關於泛神論的世界觀也在本書中提出闡述。

斯賓諾莎
（1632～1677）

問題。不過如果以他的基本思想泛神論為基礎，這便是理所當然的結論。

　這裡需要注意的是，雖然斯賓諾莎將心靈與身體視為同一事物的兩個側面，但並不認為它們會影響彼此。笛卡兒的問題是將心靈與身體視為不同的事物，導致無法解釋它們彼此影響的關係性。而斯賓諾莎雖然提出兩者實為一體的說法，但也只是一體而已，並不等同於這兩樣不同的事物會影響彼此。所以才會被稱為平行論。

　一般我們認為的身心關係，是其中一方影響另一方。尤其笛卡兒將意識視為特權的觀念，是心靈會對身體造成影響。但斯賓諾莎平行論的獨創之處，在於他消除了這些心靈與身體的主動、被動關係。

歐陸理性主義

萊布尼茲——單子

構成世界的原理是什麼？

構成這個世界的原理是什麼？最接近的答案應該是原子。但原子只是物理要素，因此不可能構成精神要素，也就是心靈或上帝這類事物。接下來要介紹的萊布尼茲，創造出一種囊括一切要素的物質，那就是單子。

單子的原文是monad，來自於希臘文「monas」（單一者），萊布尼茲試圖運用這個概念，來解釋宇宙的調和。

首先必須了解一個前提，那就是萊布尼茲所說的單子完全是想像中的產物，要不然一定會一頭霧水，不曉得究竟是在說些什麼。

單子是沒有體積也沒有形狀的單純實體，是不生不滅的存在。也沒有釋出或吸納任何事物的窗口，因此萊布尼茲將之形容為「單子沒有窗口」。自然界裡沒有與此相同的單子，而各個單子之間有所差異。

單子本身會從赤裸的單子狀態，轉變成靈魂與精神。而這樣的變化會不斷地顯現在形態上。這便是單子的一切活動，而使單子變化的原理，就是欲望。**透過欲望這樣的原理，一個表象會轉變到另一個表象，也就是**

單子

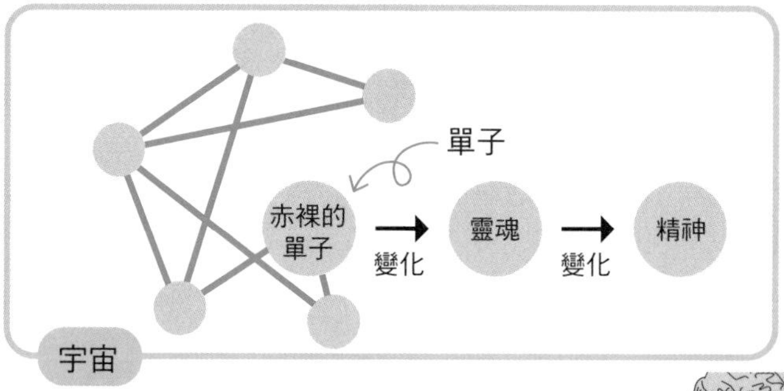

生平與思想

德國哲學家、數學家。繼承笛卡兒所開啟的歐陸理性主義潮流。提出獨特的概念「單子」。

萊布尼茲
（1646～1716）

呈現的形態會不斷地改變。

另外，萊布尼茲說各個單子能透過相互作用來構成宇宙。亦即所有的單子共同構成宇宙，同時一個單子也反映出整體。藉由這樣，單子可以得到無限多的變化與多樣性，同時單子之間也建構起普遍的秩序及關係。

萊布尼茲將其比喻為「單純實體是照出宇宙的一面永恆的活鏡」。也就是說，**透過單體反映整體，整體反映單體，宇宙「普遍性的調和（預定和諧）」得以成立**。

萊布尼茲這樣的世界觀，不可思議地令人聯想到現今的網路社會。許多節點相互連結，建構起世界，而每一個節點不盡相同，卻又反映出世界。萊布尼茲這套不可思議的單子論，也許是現代人更應該重新審視的思想。

萊布尼茲——充足理由律

事物為什麼存在？

事物為什麼會存在？一樣東西能與另一樣東西區別開來，是因為它們各自擁有存在的理由。萊布尼茲的充足理由律從這樣的觀點來解釋事物存在的理由。

「充足理由律」這個詞看似深奧，不過我們先從萊布尼茲的定義看起：「一件事若沒有變成如此而非其他的充足理由，任何事實都無法存在，任何命題也無法為真。不過，這些理由我們幾乎都無法得知。」

淺白地說，也就是**一切事物的存在都有理由，但我們無從得知**。從這裡可以導出一個重要的原理，也就是「不可分辨者同一律」。名稱聽起來很複雜，但它的內涵其實很單純。

比方說，如果A與B兩件事適用於相同的謂詞，那麼這兩件事就是同一件事。因為謂詞相同，表示它們因相同的理由而存在。

從別的觀點來解釋，就是：萊布尼茲認為主詞包括了描述它的一切謂詞，不過我們無法知道它全部的內容。譬如亞歷山大大帝這個主詞裡，包括了關於亞歷山大大帝所能描述的一切事象，但我們只能知道透過歷史

充足理由律

A　＝　B　≠　上帝

↓

不可分辨者同一律

↓

・A與B相同
・上帝是例外

主要著作

萊布尼茲的著作大部分都未完成，但為數龐大的論文和書簡整理為《單子論》、《關於形而上學的對話》。

萊布尼茲
（1646～1716）

得知的他的事跡。這些謂詞的部分不盡相同，因此主詞的意義也會隨之不同。因為沒有人過著與亞歷山大大帝完全相同的人生。

這種情況，上帝也不能例外。因為上帝也有存在的充足理由。不過當然，上帝是特別的存在，因此不會像剛才的A和B那樣，被賦予相同的存在理由。

附帶一提，對萊布尼茲而言，上帝即是被造物的世界中的調和，也是帶來調和的創造者。這樣的存在理由，確實是其他事物不可能有的。

其實這個原理，與萊布尼茲提出的構成世界的原理單子論直接相關。單子因為各別擁有不同的理由，所以才能存在。萊布尼茲認為當各別的構成要素像這樣因不同的理由而存在時，這個世界便達到至善。

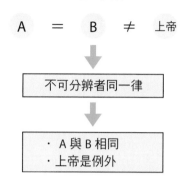

社會契約論

霍布斯——利維坦
絕對權力要如何建立？

絕對權力是如何誕生的？當然，也有強迫式地以暴力壓制民眾的做法，但那會招來反抗，因此無法確保真正意義的絕對性。

實際上在歐洲，在君權是上帝所賦予的正統支配權這種君權神授思想下，君王一直享有絕對的權力，但人民懷抱著巨大的不滿。因此英國的思想家霍布斯想出了一個讓人民也能接受的新理論。

霍布斯在《利維坦》這本書中，透過社會契約這個理論，確立了近代國家成立的機制。在當時的英國，霍布斯被視為肯定王權支配的保王派，因此在英國內戰前夕亡命到法國，在巴黎寫下這本書。

利維坦原本是《舊約聖經》〈約伯記〉裡登場的一頭「擁有地上無雙之力」的海怪。書本封面上畫了一個疑似利維坦的國王，穿著由無數的個人所形成的衣服。霍布斯就是以這個書名來象徵絕對君權。

在絕對君權之下，法律也被視為當權者的命令，法治概念退居幕後，臣民被要求服從於當權者。霍布斯強調，違背君權的人可以透過教育矯正。因為利維坦必須是絕對的

利維坦

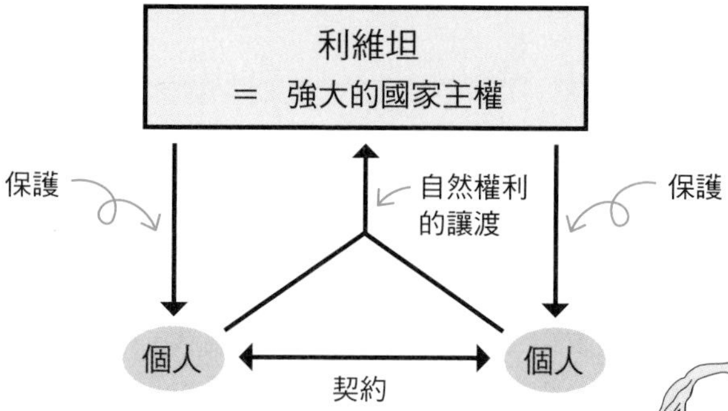

生平與思想

英國哲學家。為了避免自然狀態中「所有人對所有人的戰爭」，提出將權利讓渡給君王的社會契約論。

霍布斯
（1588～1679）

權威。

霍布斯解釋這絕對的權力是來自於個人之間的契約。也就是**透過個人之間的契約，將自然權利讓渡到當權者手中**。做為回報，當權者會保護個人。就像這樣，**當權者透過被支配者本身的信賴與認可，建立起強大的國家主權**。這就是利維坦絕對性的根據。

「絕對權力如何產生」這個困難的命題，終於要看到答案了。**許多平等的個人，從漫無秩序的狀態，透過契約般的合意，打造出權力**。霍布斯是第一個提出這種概念的人。

以這個意義來說，《利維坦》不僅當然影響了其後的洛克及盧梭的社會契約論，更做為打下現代立憲主義國家基礎的古典作品，而受到肯定。

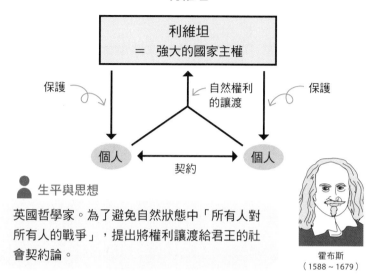

社會契約論

霍布斯——所有人對所有人的戰爭

如果沒有國家，會發生什麼事？

如果沒有國家，我們會發生什麼事？相互謙讓過日子？還是彼此爭奪？我們的國家雖然還好，但放眼全世界，陷於後者狀態的地區似乎更多。也許這就是人類的本質。霍布斯「萬人對萬人的戰爭」的概念便對這樣的理論提出尖銳的指摘。

霍布斯批判中世紀國家的樣貌，試圖提出近代國家成立的理論。他認為這必須從考察構成國家的人開始做起。

因此他不是將人當成中世紀那種被嵌入身分階級的存在，而是將人重新視為擁有自由與平等的存在。這**自由與平等，正是他稱呼為「自然權利」的人類基本權利**。

霍布斯說，人會追求快樂，躲避痛苦，維持自己的生命活動。人會為了這些目的而運用自己的力量。那麼，為了維持生命而運用力量的人如果相處在一起，會發生什麼事？霍布斯將此狀態稱為「自然狀態」。這正是**人人相互敵對，為了滿足自己欲望而爭奪的「所有人對所有人的戰爭」狀態**。

為了避免如此可怕的渾沌狀態，人首先尋求自然法來做為抑制戰爭的智慧。自然法

所有人對所有人的戰爭

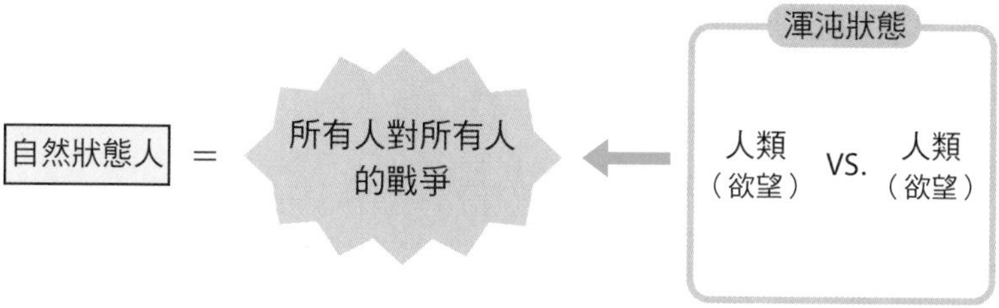

主要著作

《利維坦》：封面是由許多個人所形成的怪物（國家）。

霍布斯
（1588～1679）

就是**每一個個人為了追求自然權利，共同遵守規則的默契**。

但是自然法的約束力不出良心的範疇，因此不足以保障和平。所以人開始尋求外在的權力，這就是國家。**而設定這外在權力「國家」的方法，就是社會契約**。這裡所說的社會契約，指的是將權利委任給第三者的契約。也就是只要別人也同意，人便會為了自我防衛而放棄自己的權利。等於是大家說好「一、二、三」，同時丟下武器。

而這時會任命一個人來扛起所有人的人格，將判斷委託給他。當這一點實現，所有的人統一為一個人格時，國家於焉形成。

國家是一群平等的個人為了確保自己的生存，而構想出來的「人造人」。書名的利維坦，便意味著這種人造人的國家。

英國經驗主義

培根——偶像

要怎麼樣才能破除偏見？

我們的腦袋可以說充斥著偏見。看到衣衫襤褸的人和西裝筆挺的人，就會認為穿西裝的是有錢人，但實際上如何，我們無從得知。到底該怎麼做，才能破除這樣的偏見呢？這時偶像（idola）概念可以做為參考。

所謂idola是培根提出來的術語，譯為「偶像」或「幻影」，簡而言之，就是偏見或先入為主的觀念，也就是成見。要掌握真理，就必須破除既有的成見。培根把這些成見稱為「偶像」，分為四類。我們依序來看看這四種偶像。

第一個是「種族偶像」。這是人類固有的偶像，起因於**知性受到感情或感覺所迷惑**。因為人會執著於自己所主張的立場，只能從這個角度來判斷事物。

第二個是「洞穴偶像」。這是因個人狹隘的環境所造成的成見，就如鑽進狹窄的洞穴一般。**人會因為所接受的教育、對其有影響的人物、讀到的書，而陷入狹隘的思考**。

第三個是「市場偶像」。這是**語言造成的成見**。人類對語言的力量難以招架，就如同我們會不由自主地相信在市場聽到的小道

偶像

種族偶像	洞穴偶像
→ 人類固有的成見	→ 源自於個人狹隘環境的成見
市場偶像	**劇場偶像**
→ 語言造成的成見	→ 對權威與傳統的盲從造成的成見

生平與思想

英國思想家，英國經驗主義的創始人。在「知識就是力量」的口號下，主張以知識克服自然。

培根
（1561～1626）

消息。而在現代，比起市場八卦，也許網路上氾濫的言論更是主因。

第四個是「劇場偶像」。這是**對權威與傳統的盲從**所造成的成見。比如眼前有一則完整的故事，人就會輕易地相信，宛如受到在劇場觀賞的戲劇內容的強烈影響一般。也就是看了電影，彷彿化身主角的那種感覺。

只要留意以上四種偶像，在日常生活中稍微懷疑一下自己的思考態度，應該就能有莫大的改變。也可以將自己的想法列成清單，看看是否符合培根所說的偶像。

培根說，「知識就是力量」。這句話指出人類透過了解自然機制，可以變得更為強大。為了成長，首先必須破除成見。唯有獲得正確的方法，朝著正確的目標邁進，學問才能成為力量。

英國經驗主義

培根——歸納法

一般法則是如何導出來的？

世上有許多公式和原理，它們是怎麼被發現的呢？一般法則究竟是如何被導出來的？思考這個問題時，培根的歸納法很有助益。

培根是英國經驗主義之祖，提倡透過經驗來認識觀念，他想出了透過實驗與觀察的歸納法。與其相對立的概念是演繹法。歸納法和演繹法各別對應經驗主義與理性主義兩種思想立場，可以說都是推理事物的方法論。

首先，**歸納法是透過實驗與觀察，整理個別的事例，從呈現出來的事象，導出一般性、普遍性的法則的方法**。在重視個別經驗這一點上，是源自於英國經驗主義的思考方法。

譬如說，觀察昆蟲、兔子等不同的生物，就可以發現牠們都是由細胞所組成的，由此可以導出生物普遍都是由細胞組成的一般法則。這就是歸納法思考。

相對地，**演繹法是從一般前提出發，依據三段論等邏輯法則，導出個別事實的方法**。

歸納法

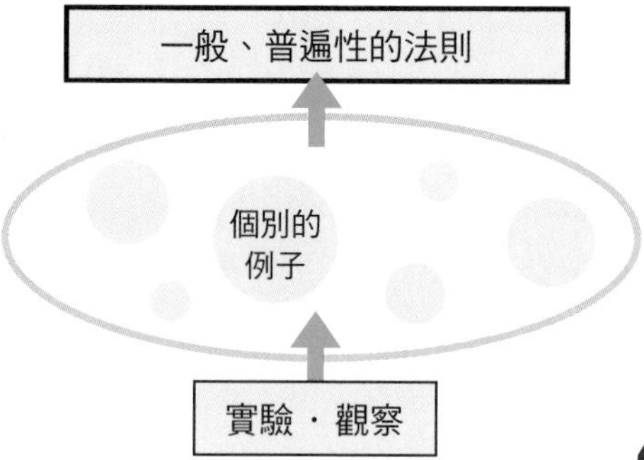

培根
（1561～1626）

主要著作

《新工具》：提倡利用排除四種偶像，摒除成見地觀察事物的歸納法，便可以提升人類的智慧。

譬如說，三角形的內角和固定是一八〇度。而從n角形的其中一個頂端拉出對角線時，形成的三角形數目是n－2。如果是四角形，就是4－2＝2，會形成兩個三角形。

以此為前提來看，n角形的內角和便是一八〇度×（n－2）。因此五角形就是五四〇度，六角形就是七二〇度。這可以說是不論個別經驗事實，直接以一般法則為前提，從理性主義做出結論的思考方法。

歸納法和演繹法都是重要的思考方法，但是在日常生活中，我們還是比較熟悉對個別例子反覆進行實驗與觀察，導出一般法則的方法。不僅是科學領域，在所有的領域中，應該都是像這樣思考的。因此只要稍微刻意去運用歸納法，就能在這樣的日常思考中導出一般性的法則。請你也來試看看。

文藝復興時期著重在人的理由

第二章介紹了幾名文藝復興時期的思想家。應該有不少讀者注意到了，文藝復興時期，目光幾乎全放在人的身上。這是為什麼？因為中世紀時期，世界長期處在基督教的支配下。

也就是說，在中世紀，世界的中心是上帝，人類被貶抑為上帝的配角。至少思想家似乎是這麼認為的。事實上，只要看看中世紀的繪畫就可以知道，主題幾乎都是基督像或馬利亞像。

就在這當中，興起了促使人文復興的浪潮。文藝復興 The Renaissance 是法語，意味著復興與重生，但不像一般常說的僅限於古代藝術的復興，它的目標是人文的復興。

因此，人文主義就被視為文藝復興時期的思想特徵。要顯示人的美好，最好的方法就是揭示人無限的可能性。因此在這個時期，被稱為博學通才、有如「全方位藝人」般的人物便成了英雄。身兼畫家、建築師、自然科學家等身分的達文西就是一個例子。

另如本書並未介紹，但提倡自由意志賦予人類無限可能性的米蘭多拉，也是代表文藝復興時期的思想家之一。以文藝復興時期的禮讚人類為原動力，近代哲學逐漸開花結果。

Chapter

3

窮究理性的極限

從英國經驗主義與
歐陸理性主義的對立，
到德國觀念論

洛克——白板

觀念是如何形成的？

我們的心中擁有形形色色的觀念。那麼這些觀念是如何形成的呢？是與生俱來的嗎？或是在某處得到的？洛克的「白板」概念可以解答這個疑問。

英國思想家洛克試圖否定笛卡兒等人所提倡的，人擁有與生俱來的觀念這種「先天觀念論」。觀念是思考對象的心象，也就是當我們在想什麼時，心中所浮現的事物。在十七世紀歐洲，人的知性被認為是神所賦予，因此當時先天觀念論是一般的觀點。

洛克就是對這種普遍的觀點提出異議。

而這必然地與他的主張有關：**剛出生的人擁有白紙般的心**。洛克將這白紙般的心稱為「白板」。

白板（tabula rasa）是拉丁文中「空白書寫板」的意思，也可以說是白紙般的心。亦即，我們將透過經驗得到的知識，逐漸填寫到白紙般的心上。

逐漸寫滿心中的白紙，這應該很容易想像。如果見聞到什麼，就加以理解，把它變成自己的一部分。新的點子不斷地在心中累積下來，就宛如填滿只屬於自己的點子簿。

白板

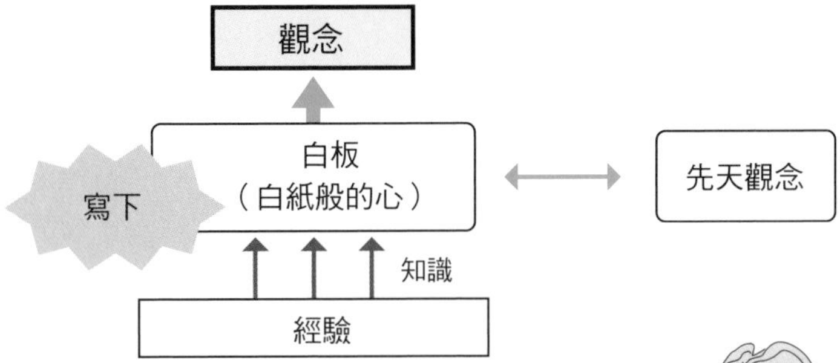

生平與思想

英國哲學家，英國經驗主義的完成者。從經驗主義的角度發展認識論，在社會契約論等政治思想方面也十分有名。

洛克
（1632～1704）

就像這樣，**外界事物刺激我們的感官，將印象賦予白紙般的心，觀念於焉產生**。這就是經驗。更正確地解釋洛克的想法，他認為經驗具有「感覺」與「反省」這兩種過程，會生出觀念，使人能夠行使認知行為。

這裡的「感覺」，是指外界事物刺激視覺、聽覺、觸覺等感官。我們感知到這些刺激形成的心中印象，就會引起思考、懷疑、興起意志等反應，這反應就叫做「反省」。

觀念不是與生俱來的，而是透過經驗養成的，這種看法叫做英國經驗主義。相對地，**法國的笛卡兒、荷蘭的斯賓諾莎認為人天生就被上帝賦予了觀念（先天觀念論）**，他們的思想被稱為歐陸理性主義，該如何克服這兩種思想的矛盾之處，是探究人類思考力（理性）時重要的課題。

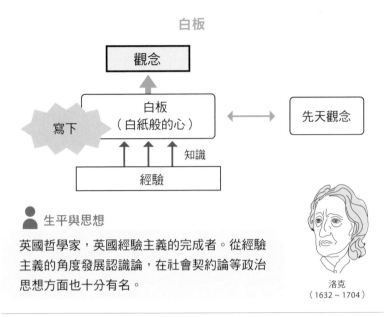

英國經驗主義

洛克——自然權利

何謂自然權利？

自然權利這個詞十分耳熟能詳，但它究竟是什麼意思，卻意外地難以回答。自然權利從古希臘時代便存在，是人類原本就擁有的權利，但它的意義隨著時代不斷地變遷。特別是近代以後，被放在社會基礎的關係中談論的自然權利，則可以參考社會契約論家的主張。這裡要介紹的是英國思想家洛克的主張。

洛克首先論到，個人擁有自己的身體。而擁有身體，代表擁有生命與自由，並且**能擁有利用身體所得到的生產物**，這是洛克的結論。對所有物的權利，就叫做所有權。

比方說土地也是如此。世上的土地並不屬於任何人，但假設有個人開墾土地，耕種了一塊田，由於農耕這樣的勞動加諸於土地之上，土地便成了那個人的東西。每一個國家，都是像這樣建立起土地所有權的。

所有權也就是排他性地使用、占有自己擁有的對象物。這便是自然權利的意義。

因此自然權利便具備了和他人的身體相同的意義，當然不可侵犯。以法律的形式來擔保這一點，便是做為理性法律的自然法。

自然權利

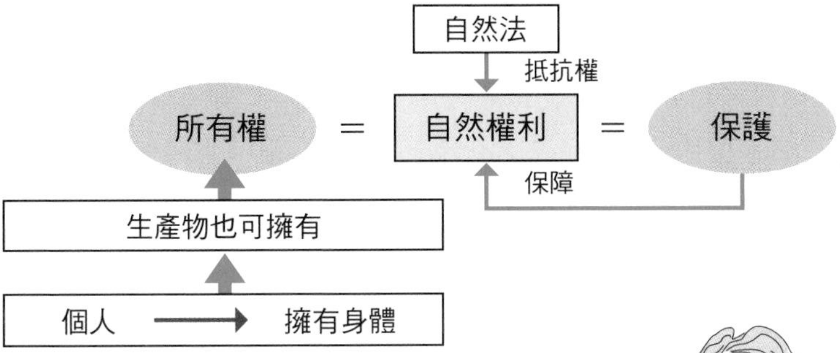

主要著作

《人類理解論》：確立英國經驗主義的認識論。《政府二論》：對君權神授的反駁（第一論）及社會契約論（第二論）。

洛克
（1632～1704）

以這個意義來說，受到自然法所保護的自然權利，便成了洛克的自由與權利的依據。

因為自然權利如此重要，因此洛克希望對它做出萬全的保障。當然，雖然有自然法，但自然法憑恃的是每個人的理性，並沒有強制力。

若社會處於沒有政府的自然狀態下，自然權利當然也隨時曝露在威脅當中，因此洛克提議透過社會契約來保障權利。而做為順理成章的歸結，洛克的社會契約論將自然權利定義為最頂端的事物。這也是為什麼**洛克認為對於侵犯自然權利的政府行為，人民擁有抵抗權**。

英國經驗主義

貝克萊——知覺的一元論

感知是怎麼一回事？

感知究竟是怎麼一回事？一般都會認為感知就是看到或感覺到事物。但愛爾蘭出身的思想家貝克萊卻認為感知還有更深的意義。也就是感知本身保障了事物的存在。簡單地說，就是**事物因為被感知而存在**。

同樣是英國經驗主義者的洛克將性質區分為兩種，**形狀、長度、重量等為初性**，**氣味、色彩、味道等為**次性，但貝克萊正面否定了洛克的這種思想。

貝克萊提倡「存在就是被感知」，提出知覺的一元論。比方說事物的深度，我們很容易認為是用視覺來測量的，但貝克萊說，實際上必須透過觸覺這樣的感知才能測出深度。簡言之，就是自己與對象的距離，不實際走走看不會知道、要摸了才知道。因此存在＝感知。

貝克萊認為，這個世界存在的就只有精神與觀念。精神是進行感知的主動存在，而觀念是被感知的被動存在。反過來說，僅靠純粹的思維，是無法決定事物是否存在的。這與笛卡兒認為事物是藉由意識而生的概念完全相反。

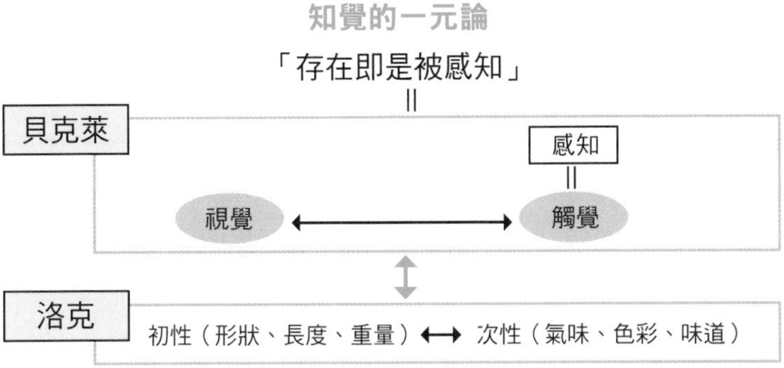

生平與思想

愛爾蘭哲學家，英國國教派主教。繼承經驗主義，但否定物質的客觀性，提倡以感知為基礎的獨特觀念論。

貝克萊
（1685 ~ 1753）

根據貝克萊這樣的想法，**在自己實際上並未感知的時候，事物有可能不存在**。也就是在玩「一二三木頭人」的時候，在回頭以前，也許根本沒有人在背後。不過對於這個疑問，貝克萊以上帝做為解答，也就是**因為上帝隨時感知著萬物，因此即使無人看到，事物依然確實存在**。有這樣的解答主要是因為他的神職人員身分。

貝克萊的知覺的一元論乍看之下似乎很不現實，但他想要表達的應該是，對象的存在與我們每一個人的經驗密切相關。事實上，重要的是「事物對我而言是怎麼樣的」。因此**事物的意義會因人而異**。從這個意義來看，也不能說貝克萊的想法荒唐無稽。

貝克萊——素樸觀念論

摸到就等於存在嗎？

請摸摸眼前的桌子，你能說那張桌子實際存在嗎？也許你會生氣，說這是什麼廢話，但你怎麼能保證摸到的就一定存在呢？被這麼反問，你是否一下子窘了？摸到就等於存在嗎？要思考這個問題，必須先釐清感知與存在的關係。這時可以參考貝克萊的素樸觀念論。

貝克萊被視為主張素樸觀念論的學者。素樸觀念論認為，一切的事物都依靠人的感知而存在。反過來說，**任何事物都不可能超越人的感知而存在**。這是與素樸實在論南轅北轍的概念。素樸實在論認為，存在的事物，無論有沒有被感知，都是實在的。

兩者之間的不同歷然可見，素樸實在論承認感知到的事物的存在，但素樸觀念論卻**僅承認感知到它這個事實**。也就是即使觸摸到了，但是否真的存在，又是另一個問題了。

從素樸觀念論的角度來看，**感知到的自我外部的事物，全都只不過是精神活動而已**。因此沒有所謂的外界可言，那只是上帝對人類精神的作用罷了。就像這樣，貝克萊

素樸觀念論

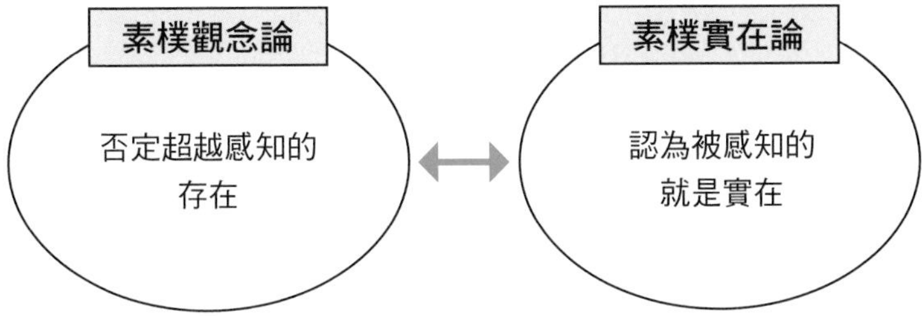

主要著作

《人類知識原理》：主張一切事物只不過是在精神中被感知，是貝克萊基於經驗主義的觀念論。

貝克萊
（1685～1753）

站在一切都發生在心中的**唯心論**立場，同時卻也將上帝視為存在的原因，所以也被稱為有神論的唯心論者。

基於以上的理由，很清楚地，摸到並不代表對象物就可以脫離感知而存在。

附帶一提，貝克萊雖然是承襲英國經驗主義流派的思想家，卻有著不能與一般經驗主義混為一談的特別之處，那就是他**將精神視為物質般的存在**。但他確實不是個觀念論者。雖然這裡將他的思想以素樸觀念論來形容，但內容與笛卡兒以來的歐陸理性主義大異其趣。

歐陸理性主義的觀念論輕視感知，主張事物是憑恃理性而存在。然而貝克萊卻反過來**重視感知**，**不承認事物僅憑理性存在**。在這個意義上，可以賦予貝克萊獨特的地位。

英國經驗主義

休謨——激情

我們受到激情多大的影響？

顯而易見，人具有激情。我們絕對不是全憑理性來判斷事物的。那麼我們受到激情多大的影響呢？思考這個問題時，休謨的激情論可以做為參考。這是他在《人性論》中提出的看法。

首先來探討究竟什麼是激情。休謨說，激情有時從源自感覺的印象直接產生，有時則是以觀念為媒介產生。以種類來說，**有源自快樂與痛苦的「直接激情」，也有再加入不同性質而產生的「間接激情」**。

休謨所著眼的，是自負、自卑、愛恨這些間接激情。雖然原因同樣是快樂與痛苦，但**不同之處在於自負與自卑是以身為「一束知覺」的自我為對象，而愛恨則是以他我（他者的我）為對象**。休謨的立場是，這些激情比理性更要強大。亦即**理性會受到激情所支配**。

休謨關於道德的議論，更明確地揭露了他的這種立場。對於善惡的區別，休謨不採用重視理性判斷的理性論，而是支持**重視快樂與痛苦感情的道德感情說**。我們很容易認為道德是奠基於出自理性的知性判斷，但休

激情

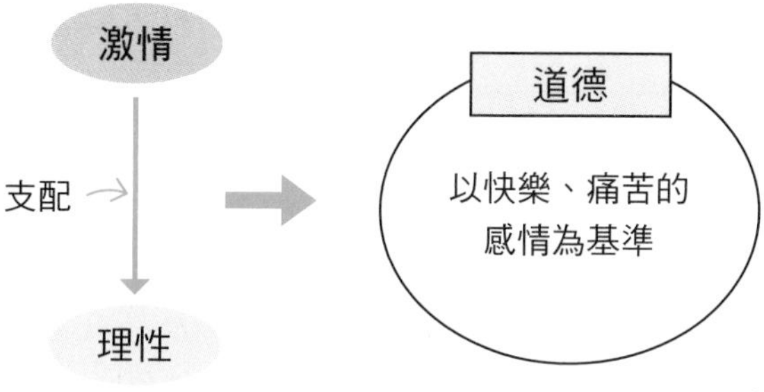

生平與思想

出生於蘇格蘭的哲學家。推動英國經驗主義，提倡懷疑論。主張世界只不過是「一束知覺」。

休謨
（1711～1776）

謨說事實上並非如此。

根據休謨的定義，美德在與我們的利害不直接相關、以一般觀點去看時，具有帶來快樂的心靈性質，而惡德則具有造成痛苦的性質。但休謨說人類的美德，絕對不僅有直接帶來快樂的「自然德行」，還有做為社會美德的「人為德行」，比如說「正義」。

就像這樣，休謨的激情論，特徵在於它是完全基於人類意識的實證分析，而非從抽象的原理或法則所導出。

休謨的《人性論》甚至否定因果律，最後進入懷疑論，其影響力之大，甚至令康德從「獨斷的睡夢」中清醒過來。**休謨的理論打破了過去盲信理性的哲學傳統**。激情的力量比我們所想像的更為強大，以某種意義來說，是極為可怕的力量。

英國經驗主義

休謨——一束知覺

何謂自我？

何謂自我？對於這個問題，答案應該是形形色色，但其中頗具說服力的，是休謨的言論。休謨將人所感知的對象，分為「印象」與「觀念」。**相對於印象是強而有力的感知，觀念是在思考和推理時浮現的，就像印象模糊的影像一般**。此外，**印象是每一次全新賦予感覺的，但觀念則是在記憶或想像中一再反覆的**。

以這個意義來說，印象是根源性的，不容質疑，而觀念的內容卻是透過印象而形成。但觀念有時會彼此結合。**觀念的結合，其實就是人「想像」的行為**。而人想像時的原理，就叫做「觀念的聯合」。

不過在想像時，最重要的還是因果關係，也就是連結原因與結果的關係。人若是經驗到類似的事情重複，就會在想像中，將一種對象的感知，與另一種對象的感知聯合在一起。這「心的決定」，便是原因與結果之間必然的結合機制。那麼，**因果的必然性，就絕非客觀的了**。

也因為如此，休謨也對「實體的觀念」投以質疑的眼神。換句話說，物質這實體的

一束知覺

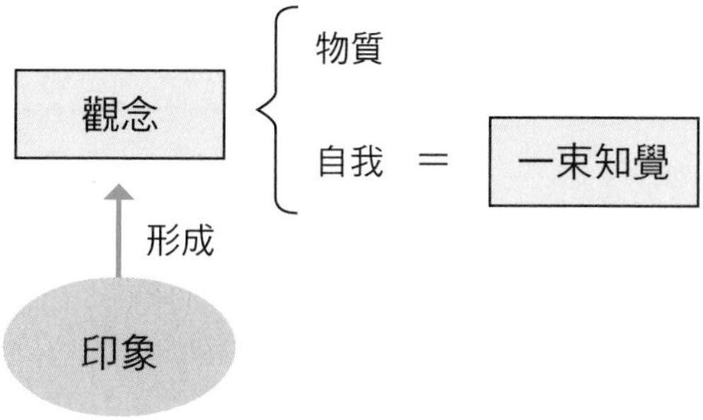

主要著作

《人性論》：從把自我視為「一束知覺」的認識論開始，主張理性是激情的奴隸，道德也是以快樂和痛苦的感情來判斷的。

休謨
（1711～1776）

觀念，是來自於印象。但造成印象的，實際上只不過是物質的性質，並非物質本身。換言之，物質只不過是各種性質的集合觀念。儘管如此，人的想像力卻讓我們覺得彷彿這些性質的背後，有個做為實體的物質一般。

　不僅是物質，這一點也適用於自我這樣的精神實體。其實並沒有一個從誕生到死亡都完全同一的自我存在。**自我的存在，只不過是各種浮現又消失的知覺罷了**。因此，自我只不過是習慣帶來的想像力的產物，在這個意義上，休謨將之形容為「一束知覺」。休謨的思想被認為是懷疑論，便是基於以上徹底懷疑被認為是客觀事物的傾向。

社會契約論

盧梭——公意

有全國人民共同的意志嗎？

既然住在同一個國家，如果能依據共同的意志來經營國家，是最為理想的。但是真的有全國人民共同的意志存在嗎？法國思想家盧梭回答了這個疑問。

盧梭在《社會契約論》裡，首先抨擊現行社會秩序的不合理，並展開議論。亦即，人原本是自由的，卻因為過著社會生活，而被迫處在不自由當中。為了改變這種狀況，人試圖建立起新的社會秩序。

盧梭主張，只要國家裡每一個人都將自由讓渡給每一個人，其實也就是將自由讓渡給自己。這種情況，**失去的只有恣意妄為的「自然的自由」，相反地，卻能獲得真正的自由「公民自由」**。公民自由是遵循義務與理性，能夠自律的自由。可想而知，在共同體中必須重視自律的公民自由，而非恣意妄為的自然自由，否則人際關係將出現問題。

那麼究竟該怎麼做，才能讓具備不同個性的社會每一個成員團結成一個國家呢？盧梭認為有一種每個人都共通的「公意」。它與只是單純地將每個人個別的意志加總而成的「眾意」完全不同。眾意的話，就只是反

無

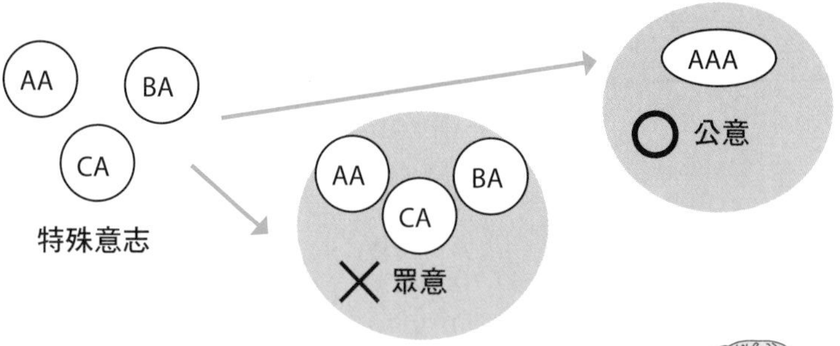

生平與思想

法國思想家。提出基於公意的社會契約論。他對文明的批判與教育論也十分知名。在思想上對法國革命造成了影響。

盧梭
（1712～1778）

映多數意見罷了。公意指的並非如此，而完全是**全員共同的最大公約數的意志**。

所以必須透過討論，來找出眾人共同的公意，因而會必然地採取直接民主制。也就是眾人依據公意，共同參與政治。這時**人民做為主權者，擁有立法權，以法律的形式來表達公意**。另一方面，為了實現公意，需要如手腳般行動的執行者，也就是政府。對盧梭來說，政府只不過是受人民所雇用——政府沒有實權，僅被要求忠實地執行國民的意志。

就像這樣，**理論上所有國民共通的意志是能被萃取出來的**。公意的反映，應該能成為經營國家的基本方針。

社會契約論

盧梭——文明社會

文明社會是好的嗎？

一提到文明社會，我們都會覺得它是好的。因此我們拚命整頓好社會制度，追求技術進步，日夜朝高度文明社會努力邁進。然而有個思想家卻提出了異論，那就是盧梭。

盧梭在《論人類不平等的起源和基礎》一書中，對於人從自然狀態進入文明社會的變化抱持否定的態度。亦即在自然狀態中，人能盡情利用大自然，等於是自然的自由獲得保障。然而轉移到文明社會以後，土地變成了私有制，爭奪所有權的紛爭也隨之而來，有時甚至會因此發生戰爭。

在爭奪中得勝，獲得土地的人變得富有，他們為了維護自己的所有權，制定出法律等社會制度，使貧富差距固定下來。也就是說，**文明社會才是造成不平等的原因。**

所以對盧梭而言，文明社會就是一個充滿了不合理與虛偽的狀態。在他的描述中，**從自然狀態轉移到文明狀態的過程，完全就是人類墮落的歷史。**

沒錯，在過去的自然狀態中，人是更加優秀的。盧梭認為自然狀態中的人，雖非善人，也不是惡人。他們是未開化的人，僅以

文明社會

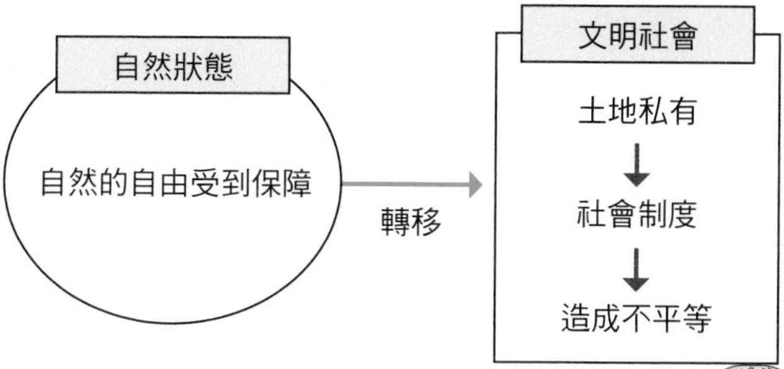

主要著作

《社會契約論》：談論公意的概念。《論人類不平等的起源和基礎：將文明視為墮落。《愛彌兒》：重視自然性的教育論。

盧梭
（1712～1778）

自我保存為目的，但仍具有憐憫的感情，因此可以互助合作。在倫理層面上，這便是為何不會出現不平等的理由。然而**文明社會的人，卻連這種彼此互助的體恤都沒有了**。

盧梭會提倡社會契約論，背景在於對已經存在的這種文明社會的不滿。人原本活得自由自在，為何卻會變得如此不自由？從這個問題開始論述的《社會契約論》，因而被世人奉為實現平等社會的聖經。

確實，文明社會以前的原始狀態，也許不平等的情況更少。隨著文明發達演進，我們反而扼住了自己的脖子。這一點就像盧梭所說的。但也不能因此就重返自然狀態。所以盧梭提出了打造新的平等社會的方法，那就是**透過直接民主制所導出的、由公意來執行的政治**。

孟德斯鳩——政體論

怎樣的政治體制才理想？

如果被問到什麼才是理想的政治體制，我們應該會回答民主制度。不過如果被問到民主制度以外的政體特徵，一時又答不上來。著有《法意》的法國思想家孟德斯鳩，就對這個問題做出了明確的梳理。

孟德斯鳩在這本書中，首先談論了法的本質。他說法是「源於事物本性必然的各種關係」。也就是說，法必須適合國土的自然條件與民族的生活樣式等不同的條件。

接著孟德斯鳩展開政體論，將政治體制區分為**共和制**、**君主制**、**專制這三種**。他針對這三者不同的形態，從「性質」與「原理」這兩個側面做出探討。**性質意味政治制度的本質，原理則是貫徹此一制度的精神**。

首先，共和制被認為是人民全體或一部分人民擁有主權。人民全體擁有主權，便是民主制，一部分擁有主權，則是貴族制。

民主制中，人民統治國家，制定法律，選定自己的代理人，並尊重代理人的決定。相對地，貴族制因為將一些不平等的現象制度化，因此貴族變成全能的支配者。民主制的原理是政治的德行，也就是**比起自己的利**

政體論

政體	共和制		君主制	專制
	民主制	貴族制		
性質	人民全體	一部分	一人	一人
原理	公益心與祖國愛		名聲	恐懼

生平與思想

法國思想家。批判法國的君主專制，提出三權分立，以避免權力集中。其思想傳承至現代。

孟德斯鳩
（1689～1755）

益，更重視公共利益的公益心及祖國之愛。

接著是君主制，君主是一切權力的泉源，但其支配是遵循法律進行。貴族被定位為制衡君主支配的中間權力。君主制的性質，可以說由一個人支配。不過為了貫徹法律的支配，則假定有一個獨立於君主並維護基本法、類似高等法院的「法律保管處」。

至於君主制的原理是什麼，那就是源自於追求名聲的野心。因此人會為了追求好名聲，出於野心而活動。結果這便會為實現共同利益而做出貢獻。也就是**渴望好名聲的欲望自動建立起社會秩序**。

最後的專制，性質也是指一名君主獨占權力。但專制的情況，就沒有必要以法律支配人民。**專制的原理是恐懼**。君主恐嚇家臣，在他們的心中灌輸恐懼以進行支配。

啟蒙思想

孟德斯鳩──三權分立說

權力該由誰來掌握？

權力該由誰來掌握？對於這個問題，一般都會回答是國會吧。但權力集中在一個地方，還是令人不安。因此**在我國，才會將權力分散到國會、內閣與法院三處**，也就是所謂的三權分立。其實這便是孟德斯鳩所提倡的。本節就來看一下他所提三權分立的原理，究竟是在什麼樣的背景、基於什麼樣的理論而提出的。

孟德斯鳩在《法意》一書中，將政體區分為共和制、君主制、專制這三種。而他的目標，當然是在於防止專制。不過孟德斯鳩也無意推行共和制。最主要的問題是，人民把自由當成跟權利一樣，並且缺乏限制權力的意識。孟德斯鳩主張**政治自由唯有在法治得以貫徹的前提下才可能成立**，不管再怎麼重視道德，都需要法律的限制。因為若非如此，甚至會有做出犯法之行的危險性。

孟德斯鳩高度肯定亞里斯多德的政治學，他認為亞里斯多德提出的「中庸」（參考三四頁）精神，也是立法所必要的觀念。因此對於政治上的良善，他也細心留意避免走上極端。

三權分立說

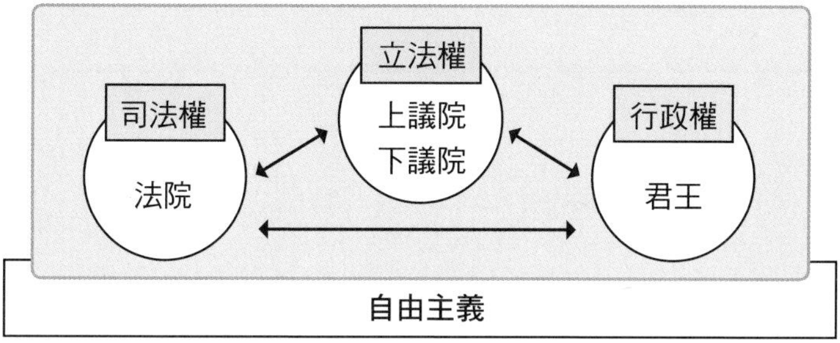

主要著作

《法意》：提倡立法、行政、司法三權分立的政治哲學書。主張確立個人政治自由，以及奴隸制度的廢除。

孟德斯鳩
（1689～1755）

在這一點上，孟德斯鳩視為理想的，是他曾經居住過的英國的政府結構。他談論到君主的執行權與由上議院及下議院組成的議會立法權之間的均衡，還有掌握司法權的陪審制，並試圖得到三者的均衡與制衡。由**立法、行政、司法三權分立所構成的**君主立憲制**（君主的權力受到憲法限制的君主制）**，**正是他最後所推導出來的結論**。三權分立說可以被視為構成了實現自由主義的基礎。

孟德斯鳩著重於限制君主與國民權力的政治制度論，後來帶給了美國等近代國家莫大的影響。我們國家所導入的歐美三權分立政治制度，也可以說是源於這樣的潮流。

德國觀念論

康德——物自身

人能知道一切嗎？

人的知性和理性被形容得宛如無所不能，但它們有界限嗎？人無所不知嗎？這個問題，康德的物自身概念可以做為參考。

思考人是如何進行認識的領域，叫做認識論。康德闡明了我們認識事物的機制。

康德認為，首先一切的思考都是由「直觀」所產生。直觀只有對象存在時才會產生。換句話說，如果沒有對象，就不會產生直觀。唯有對象依一定的方式觸發意識時，我們才可能思考。

接著，**接收「對象形成的表象」的能力，**叫做「感性」。對象透過感性傳達給我們——感性帶給我們直觀。這時對象透過「悟性」被我們思考。悟性是**根據感性接收到的內容，構成對象的能力，也就是理解事物的能力**。透過悟性，產生關於對象的「概念」。

感性是透過空間與時間，悟性則是透過範疇這個分類表掌握事物。也就是說，我們必須透過這樣的形式，才能夠認識事物。

以這個意義來說，我們能認識到的，僅限於能夠體驗的世界。也就是只限於受到時空限制的物質和事物。康德將這樣的世界稱

物自身

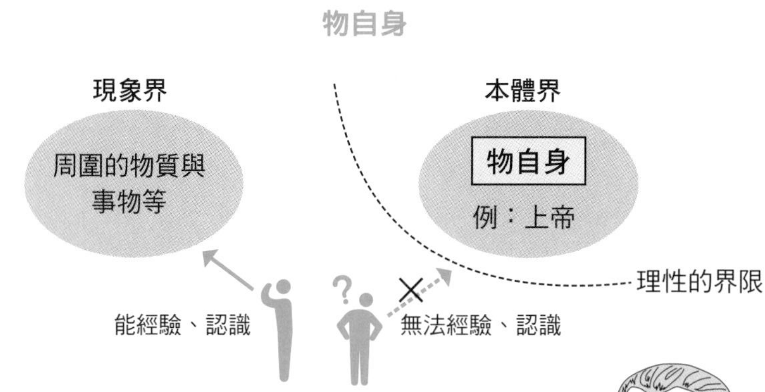

生平與思想

德國哲學家。以認識論統合了理性主義與經驗主義。在倫理學方面，主張必須無條件地去行正義之舉。也因提倡永遠和平而聞名。

康德
（1724～1804）

為現象界。相對於此，宇宙整體這種無法經驗的事物，叫做「物自身」，是我們無法去認識的。而這樣的世界叫做本體界。

物自身這個概念有些過於觀念性，不好理解，不過這個世上的確有些事物雖然無法認識，但確實存在。比方說上帝的概念就是如此，上帝雖然無法認識，但能夠存在。康德的認識論，意義在於闡明了這「物自身」的存在。可以說他**揭示了人類「能夠知道什麼」這方面的理性界限**。

康德將理性能夠認識的對象限定在人所能體驗的世界裡，並且認為人用來掌握事物的感性和悟性的框架（時空及範疇）是與生俱來的。在康德的學說中，英國經驗主義和與其相反的歐陸理性主義（參考八一頁）得到了統合。

康德——善意志

正確的判斷是依據什麼？

我們平日就被要求做出正確的判斷，但正確判斷依據的是什麼？思考這個問題時，康德的善意志可以做為參考。

康德首先闡述人格的自律。因為他認為要做出正確的判斷、活得正當，人格的自律是不可或缺的。那麼什麼是正確的行為呢？關於這一點，康德主張對於正確的行為，人有義務無條件去履行，就像「應當……」的句型，這就是所謂的「定言令式」。這樣的態度，與行動受到條件所左右的「假言令式」完全相反，假言令式也就是「如果……，就……」的句型。

說得簡單點，定言令式的公式是「**你行動時的意志基準，必須永遠符合眾人都接受的法則**」。這意味著我們的行為基準，必須基於不管由誰來做，都不會出現問題或矛盾的原則。

之所以這麼說，是因為**道德不能依條件而改變**。好比說，如果變得富有，道德的基準就能跟著改變，這豈不奇怪嗎？不可撒謊、見義勇為這些道德行為，應該是任何時候都應當要遵守的。

善意志

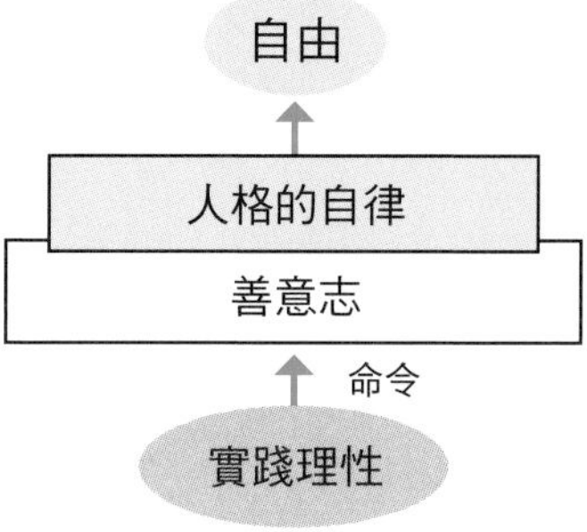

主要著作

《純粹理性批判》（認識論）、《實踐理性批判》（倫理學）、《判斷力批判》（美學、目的論）被稱為「三大批判」。

康德
（1724～1804）

這就是康德所說的正義，稱為**實踐理性**。我們受到這實踐理性的命令，做出正確的行為。而之所以會聽從實踐理性的命令，是因為我們具備人格的自律。但人格的自律，它的基礎又是什麼呢？這時康德提出了善意志這個概念。**善意志就是自覺性地出於尊敬，而主動去遵循道德義務的意志**。它不會受到行為的內容所左右，本身就是善的。

康德主張，因為有了以善意志為基礎的人格自律，我們才能得到自由。因為**能夠自律，才是真正意義的自由**。

康德更進一步以基於實踐理性的善意志為前提，提倡永遠和平是人類應該要達到的目標。他的意思應該是，唯有實現維持和平這個義務，人才能得到自由吧。

費希特——事行

先有我，還是先有物？

我們會觀看事物，或對事物發生作用。這種時候，是先有我，然後我來看事物、對事物發生作用？或是相反呢？究竟是先有我，還是先有物呢？在思考這個問題時，費希特的事行概念可以提供參考。

費希特意圖將人類一切的認識與行為系統化，打造了一套叫做知識學的體系，它的中心概念就是事行。

費希特主張，事行就是：「不以任何客體為前提，創造出客體的活動，就是行動本身的活動。」也就是說，**自我進行的活動與客體的出現同時發生的狀態，就叫做事行**。

費希特是從「A是A」這樣的命題中，導出「判斷的自我」即是「存在的自我」這個結論的。他就是由此得到**自己的行為（＝行）與行為造成的事物（＝事）為相同**的靈感。所以為了突顯這個事實，他刻意使用了「事行」這個自創的詞彙。

一般我們都認為先有自我，然後根據自我來活動，結果產生出某些客體。但是費希特說，並不是一開始就有自我。

前面也稍微提過，費希特似乎是從自

事行

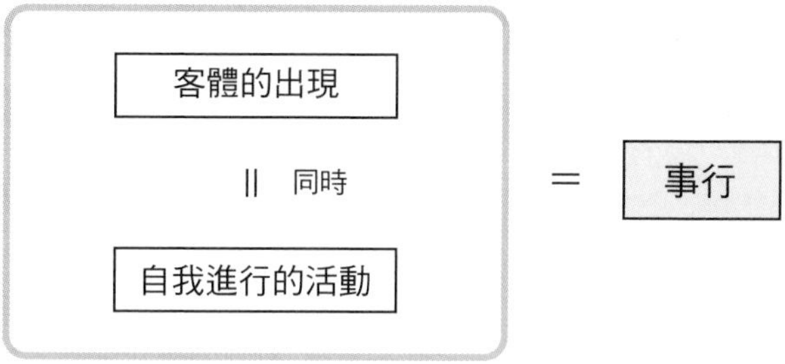

生平與思想

德國哲學家。被歸類為德國觀念論。建構出重視自我的獨特知識論（主觀觀念論）。

費希特
（1762～1814）

我，也就是「我」這個概念的特殊性，得到「事行」概念的。他說「我」這個概念與其他事物不同，無法被指示。也就是**指示「我」的瞬間，「我」就再也不是「我」，而成了客體的「它」了**。換言之，透過指示「我」這個行為，我做為「它」而出現了。

以這個意義來說，**事行可以視為主觀與客觀化為一體，是在經驗之前的一種根源性的概念**。這就近似於上帝是「自因」，存在原因即是自己，但與上帝不同，事行的特徵是，它完全被視為人的意識問題。

如果以費希特的事行概念為前提，那麼就不是先有我也不是先有物，而是兩者同時發生了。

費希特——自我與非我

何謂自我？

「自我」是我們耳熟能詳的詞彙，但其實除了自我意味著我以外，我們對這個詞一無所悉。自我究竟是什麼？要思考這個問題，費希特的自我，以及相對立的非我概念可以做為參考。

費希特在自己的知識學（費希特為知識奠基的個人哲學）中立下了三個原則。而且這三原則以自我與非我概念的關係為中心，依序發展出理論。

首先，第一原則是「自我設定自己本身」。這意味著**自我生出自身的存在**。

人與物不同，不會總是靜止不動，因此會不由自主地將自身投射為某些角色。反過來說，能夠投射自身便意味著那裡有一個異於自己的領域。**那便是異於自我的別的事物，稱為非我**。

因此第二原則是「非我反設定自我」，也就是**非我透過自我的活動而產生**。不過這麼一來，自我與非我之間就出現了矛盾。因為自我是將一切對象化的行為，但這麼做反而會生出非我。這種關係該如何解釋才好？

這時便出現了第三原則。「自我在自我

自我與非我

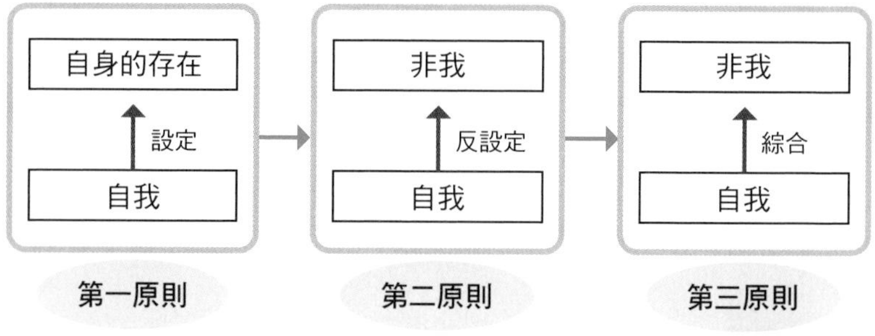

主要著作

《全部知識學的基礎》：探討一切學問基礎的「知識學」的系統性著作，論述邏輯知識的基礎。

費希特
（1762～1814）

之中，反設定出可分割的自我及非我」。也就是**自我不是一口氣設定的，而是只能設定一部分。而剩下的部分便成為相對立的非我**。換個角度來看，等於是自我與非我混合在一起的狀態，因此也可以視為兩者是綜合的。

以上便是費希特透過與非我的關係所揭露的自我的意義。其實費希特也透過這自我與非我的關係，來呈現人類獲得自由的歷史過程。因此知識學也被稱為人類精神的實用歷史。

後來，費希特的主觀觀念論，被黑格爾的絕對觀念論——同樣是描述人逐步獲得自由的壯闊歷史——所繼承。

謝林——自然

何謂自然？

何謂自然？聽到這個問題，很多人都會想到花草樹木吧。但自然具備超越這些個別現象的巨大力量。謝林就是著眼於這巨大的力量，把自然提升到哲學的境界。

謝林被稱為早熟的天才，二十五歲左右就成了大學教授，不斷地開拓出新的思想，並且在始於康德、到黑格爾抵達巔峰的德國觀念論中扮演了重要的角色。

在德國觀念論中，謝林被定位為費希特哲學的批判性繼承者。他認為費希特所說的自我過於囊括世上的一切，並**抨擊那已經不能叫做自我**了。謝林將它稱為自然。

因此謝林所說的自然，並非我們一般所說的機械論的自然，而是被視為**有機的力量**。謝林甚至對機械論自然觀抱持否定的看法。因為機械論自然觀是源於人逐漸將自己從外界切離開來，彷彿世界與自己毫無瓜葛般的想法。但實際上，**人的精神與自然應該是一體的**。謝林也說，精神是看不見的自然，於是謝林開始探究兩者共通的根源性生命。

由於當時在科學領域中，研究有機體的

自然

自我組織化的整體
||
自然
（有機力量的階層＝因次）

↔

機械論的
自然

生平與思想

德國哲學家，被歸類為德國觀念論學者。提出以自然為基礎的獨特自然哲學。將主客問題做為同一哲學加以系統化。

謝林
（1775～1854）

風潮正盛，因此普遍認為謝林也受到這股風潮的強烈影響。謝林使用了讓人聯想到有機體的「漩渦」這種形容方式。巨大的漩渦將事物捲入，轉化成新的模樣，謝林似乎是以這樣的意象捕捉一切現象。

謝林將上述這種方式所形成的事物力量階層稱為因次。因次（potenz）在德語中意味著力量，在謝林的術語中，指的是自我組織化的整體力量。也就是從因次生出了物質、有機體、精神等各種存在。就這樣，謝林建構起自然哲學的領域。

平日**我們常提到自然的力量，但如果像謝林這樣，把自然視為推動世界的根源性力量，自然的涵義將變得更為巨大。**

德國觀念論

謝林——同一哲學

主觀與客觀不同嗎？

我們常說「主觀來說如何」、「客觀來說怎麼樣」，在這種情況，我們明確地區別這兩者，但主觀與客觀真的不同嗎？謝林的同一哲學概念，有助於回答這個問題。

相對於費希特的哲學強調自我意義的主觀觀念論，謝林的哲學則被認為是以自然為根基的客觀觀念論。

換言之，謝林主張一切差異的根本之處，都是生產出一切的自然。以這個意義來說，**這個自然便是將主觀與客觀合而為一**，**並將自我與自然也合而為一的**絕對同一，因此謝林的哲學也被稱為同一哲學。在這當中，做為自然力量的因次階層逐漸向上提升，生出形形色色的存在。

這樣的發想，就像謝林自己說的，「絕對的同一性並非宇宙的原因，而是宇宙本身」，與**泛神論世界觀**相關連。因此絕對同一之中，不會產生質的差異。具有差異的個別的存在，是在外部產生的。

然而問題是，從絕對同一出發的發想，無法具體釐清個別的存在是如何產生的。因此後來黑格爾批判謝林的思想，揶揄說就像

同一哲學

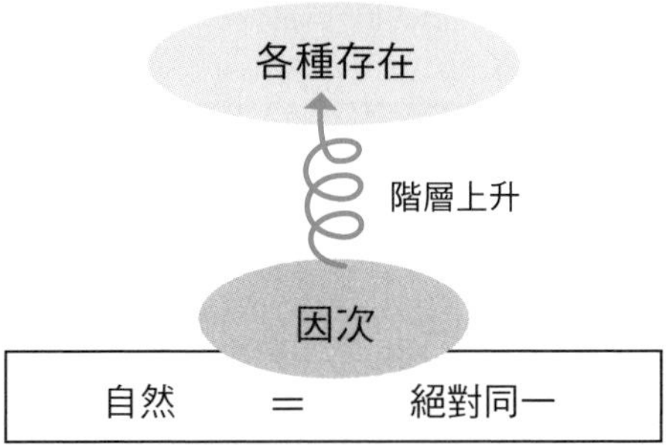

謝林
（1775～1854）

主要著作

《自然哲學觀念》：論述自然與精神的同一性。《藝術哲學》：將藝術解釋為絕對同一的顯現。

「黑夜裡的牛全都是黑的」。對此，謝林解釋在絕對的同一性當中，不會產生質的差異，個別的存在是以量的差異的形式呈現。但謝林的解釋似乎缺乏說服力，因為他並未確切地說明為何無限之物要刻意進入差異的狀態。

話雖如此，也不是說謝林的同一哲學沒有意義。比方說，如果能在藝術作品中表現出主觀與客觀的同一性，那會是一件很棒的事。謝林曾經提到如此天才般的藝術。他說自然的無意識活動，與人類的意識活動統一時，便能誕生出天才般的藝術。事實上，一般認為謝林這樣的藝術觀對德國浪漫主義造成了重大的影響。**因此在藝術等領域中，主觀與客觀也是有可能相同的。**

德國觀念論

黑格爾
如何解決問題？
——辯證法

人活在世上，總免不了遇到問題。因為所有的事情、行為，都一定會帶來某些問題。一件事不可能完美無缺地進行，即便暫時順利，也不可能永遠順利。那麼對於這些不可避免的問題，我們該如何處理才好？

最簡單的做法是，每當問題出現，就直接忽略它，但這只是粉飾太平、緩兵之計，並非真正的解決之道。這時可以做為參考的，就是近代德國哲學家黑格爾的辯證法這個概念。

辯證法本身其實從古希臘的蘇格拉底時代就有了。不過它原本只是透過與對方反覆問答，來揪出對方主張中的邏輯矛盾的工具。而黑格爾將它定位為一種生產性的思考方式。因此一般提到辯證法，指的便是黑格爾的辯證法。

黑格爾的辯證法，指的是當問題發生時，去克服問題、晉升至更高境界的思考方式。透過這樣的思考方式，可以將乍看之下水火不容的**兩個對立的問題**，**兼容並蓄地導出更佳的解決之道**。也就是開創第三條路的方法。

辯證法

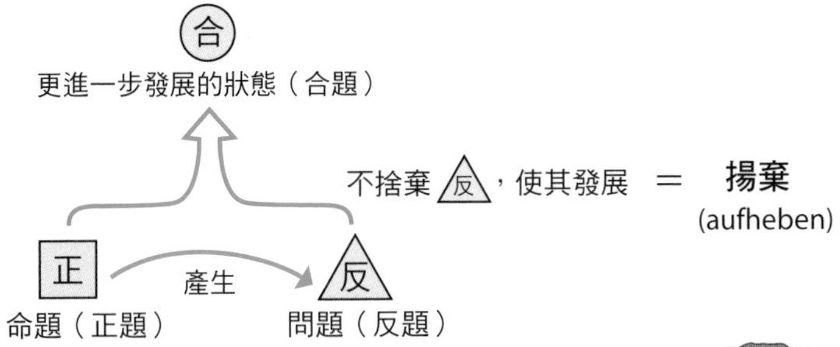

生平與思想

德國哲學家。德國觀念論的完成者。將過去的哲學體系化，站上近代哲學的巔峰。以辯證法概念聞名。

黑格爾
（1770～1831）

具體來說，便是「正題→反題→合題」的概念。這也叫做揚棄，或音譯為「奧伏赫變」(aufheben)。

這個方法也就是**對於某一件事（正題），當出現矛盾或問題的時候（反題），接納它們，克服矛盾與問題，找出發展得更臻完美的解決之道（合題）**。

這並非單純二選一的妥協或折衷。凡事都有矛盾，若有正的一面，就一定有反的一面，但事物仍安然無恙地存在著。換個說法，任何問題都不可能無法被克服。所有的一切，都是透過如此的反覆，而不斷地發展。

於是，辯證法可以說是一種將負變為正的問題解決方法。

德國觀念論

黑格爾——絕對知識

我們能聰明到什麼地步？

我們究竟能聰明到什麼地步？人的聰明有極限嗎？被稱為近代哲學完成者的黑格爾給了我們一個充滿希望的回答。黑格爾在主要著作《精神現象學》中，描寫了意識經歷各種經驗而發展，最後到達「絕對知識」這種境界的過程。

我們來看看意識經歷了什麼樣的旅程。它也吻合本書的結構。首先，可以大分為A意識、B自我意識、C理性三個階段。然後C再分成AA理性、BB精神、CC宗教、DD絕對知識這四個階段。

A的意識被放在知性中最底層的階段。因為意識純粹以對象為真理，認為自己只是單方面地看著那個對象。

然而實際上，連繫客觀真理與主觀事物的就是自己。醒悟到這一點後，便進入到B的自我意識。

B的自我意識發現，為了證明自己是真理，還是必須要有對象。透過這樣的經驗，自我意識發展為自我與對象的意識統一體，也就是C理性。

接下來便是理性自行證明它就是世界本

絕對知識

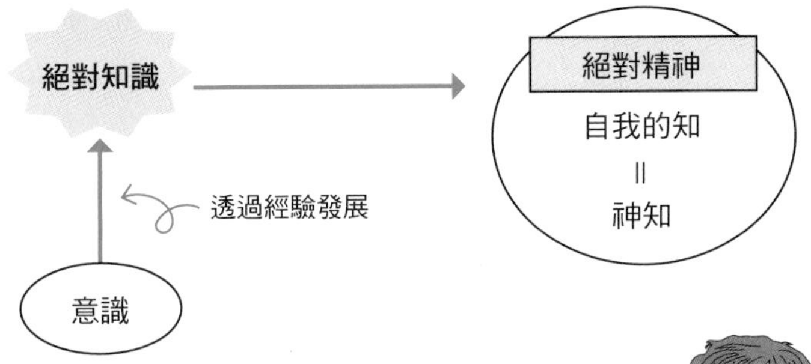

主要著作

《精神現象學》：集黑格爾哲學之大成，描寫意識經歷「意識→自我意識→理性」這三個階段，昇華為絕對精神的過程。

黑格爾
（1770～1831）

質的過程。首先，黑格爾在AA理性裡，陳述即使在自然世界中，理性也是最為本質的事物。同樣地，在BB精神中，他揭示在歷史世界裡，理性同樣是本質。接著在CC宗教，上帝被描寫為反映理性與世界和解的象徵。然後這趟旅程的最高潮，在DD絕對知識裡，黑格爾談論到CC宗教裡所描寫的**上帝本性，其實與人自我的本性是相同的**。

自我意識終於連上帝也能做為概念來掌握，這正是能夠洞悉一切的「絕對知識」。而絕對知識**透過將自己的知識昇華到神知的境界，生出**絕對精神。就這樣，黑格爾高聲宣告人的精神是能夠成為絕對的。在人的精神、理性與知識都達到最巔峰的近代，黑格爾被定位為該時代的代表性哲學家。

理性有多萬能？

第三章介紹了可說是哲學鼎盛時期的近代哲學家。就如同標題〈窮究理性的極限〉，他們日夜不停地探究著理性的樣貌。

不過，理性究竟意味著什麼？字典上說，理性是邏輯、概念思考的能力。說得淺白點，就是人思考事情的能力吧。理性經常被視為本能、激情等詞彙的相反詞，所以無庸置疑，理性意味著據理思考。

所以理性也才會成為哲學的代名詞。哲學便是運用道理，探究事物本質的活動。因此理性的界限，也就是哲學的界限。如此一來，當然許多哲學家都會主張理性是萬能的，黑格爾就是一個典型。這無可厚非，畢竟誰都不願意自己的心血被否定。

不過，也有些哲學家論述本能與激情的意義，認為理性和本能、激情都不可或缺，或主張人毋寧是受到激情所支配。又或是認為人有所局限，名副其實地為理性畫下界限，像康德就是其中的代表。

理性究竟是不是萬能的？其後的哲學與思想，便以近代所提出的這個難題為中心發展開來。

Chapter

4

我是什麼？

十九至二十世紀的現象學與存在哲學

叔本華——意志與表象

怎麼樣才能從苦惱中解脫？

我們人注定要活在苦惱中。想要獲得成功，卻事與願違。想要活得幸福，卻天不從人願。難道就沒有方法可以擺脫這些苦惱嗎？這時可以參考叔本華的意志概念。

叔本華所說的意志，指的並不是理性的意志，毋寧與理性無關，而是做為身體活動顯現的「求生意志」。叔本華說，就是求生意志實現了這個世界，而這個世界，是受到自身主觀制約的表象（浮現心中的外在對象的模樣）。

由於這求生意志沒有根據，也沒有目的，是盲目的意志，因此對人來說，是無窮無盡的。所以人的欲望永遠得不到滿足，人生充滿了痛苦。那麼，人要怎麼樣才能逃離這樣的痛苦？

叔本華首先提出理念（idea）與藝術的關係，做為解決之道。理念是柏拉圖所說的理想世界。也就是說，**在藝術裡，知性可以超越時空及因果律，直觀理念**。

特別是音樂，它是意志的複本，因此叔本華視音樂為藝術的至高形態。**藝術就像這樣，能讓人擺脫主觀與客觀等要素，把人提**

意志與表象

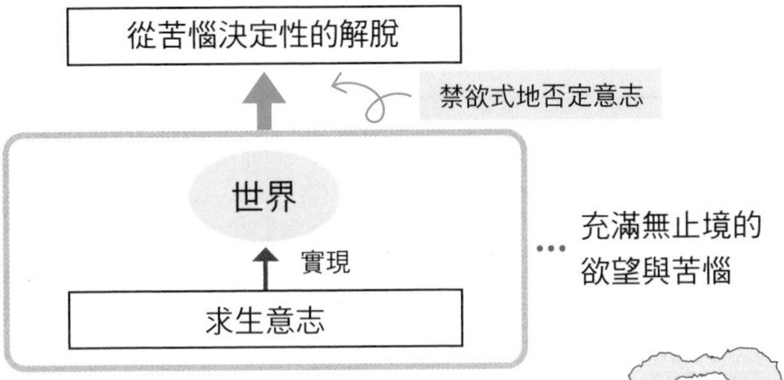

生平與思想

德國哲學家。提倡意志比知性更重要。存在主義的先驅。特徵是納入了佛教等東方思想。

叔本華
（1788～1860）

升到脫離意志欲望帶來的一切痛苦的境界。

然而問題是，藝術帶來的解脫，只是偶發的暫時性解脫。因此叔本華接著提出道德帶來的解脫。他提出並非暫時性的、而是**恆常性的道德所帶來的解脫**。人生充滿了痛苦，這意味著道德做為人生的一部分，也同樣折磨著他人。這也就是同情的概念。透過同情，人能夠去試著理解他人的痛苦。

不過即使是這種情況，實際上人對他人所能做到的，也只有同情而已。以這個意義來說，同情不可能是擺脫生存痛苦的終極方法。根本之道，唯有否定「求生意志」本身。

而要做到這一點，唯有「禁欲」一途。叔本華這裡所說的禁欲，是源自於佛教中「斷念」的觀念。放棄意志、**禁欲式的否定，才能使人真正地脫離苦惱**。

叔本華——同情
什麼是同情？

什麼是同情？思考這個問題時，可以參考叔本華提出的同情概念。在哲學的世界裡，亞當．史密斯的同情概念是最為有名的。同情也譯為「同感」或「共感」，是體察他人的情緒，並以此為行動基準的感情。每個人都以同情為中心行動，便會自然地建立起社會秩序。

但叔本華提出的同情概念不同於此，它的意義完全是**對他人的痛苦感同身受**。叔本華提出了擺脫痛苦的方法，而在擺脫痛苦的過程中，同情被放在他視為終極目標的「否定意志」的前一個階段。

叔本華論到人為了擺脫痛苦，可以透過道德來解脫。因為他認為對他人的痛苦感同身受，便能捨棄己意。因此叔本華所說的同情，也被譯為「共苦」。也就是與他人一同分擔痛苦。

不過同情這種感同身受的能力，也會造成自他不再有分別，因而輕易拋棄同情的結果。實際上叔本華甚至想要把加諸痛苦的主體，與承擔痛苦的客體視為一同。

如此這般，人會發現同情只是一時的解

同情

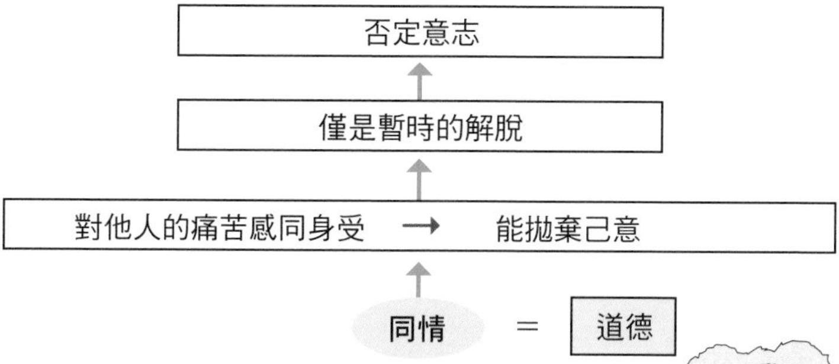

主要著作

《作為意志和表象的世界》：主張世界就是「我」盲目求生的意志，認為以禁欲的方法否定這求生意志，便能從苦惱中解脫。

叔本華
（1788～1860）

脫，了解到結果還是只有否定意志一途。即使如此，叔本華從分擔痛苦的意義著眼於同情這個要素本身，可以說在哲學史上具有重大的意義。

同情這概念之所以如此重要，不單純是因為這個想法十分罕見，或是因為它帶給尼采等後世哲學家莫大的影響。它之所以意義重大，毋寧是因為它提示了**扎根於同情這種感情的概念，有可能發揮牽制理性的功能**。

實際上，叔本華在幸福論裡面也提到，即使有錢也無法得到幸福。比起金錢，若沒有精神上的教養，就不可能得到幸福。從這樣的地方，也可以看出叔本華重視感情方面的要素。但話又說回來，叔本華絕非輕視理性。他能同時著眼於同情與理性這一點，確實令人驚嘆。

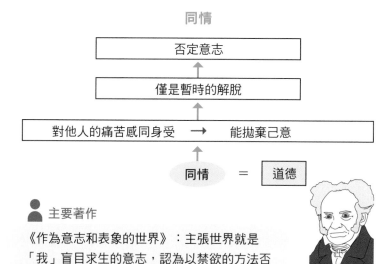

存在哲學

齊克果——絕望

什麼是絕望？

你是否有過絕望的心情？就彷彿世界末日到來一般。不過，世界當然並沒有毀滅，只是你這麼感覺而已。絕望到底是什麼呢？

《致死的疾病》的作者齊克果回答了這個問題。齊克果的生平影響了他，令他總是處在絕望之中，為自己的存在苦惱不已。那種絕望，正是致死的疾病。

齊克果說，人無法逃離那種絕望。但話說回來，他也並不是要說等在絕望終點的就是死亡。齊克果的主張反倒是絕望的苦惱會令人甚至求死不得。儘管處在痛苦得要死的深淵中，卻絕對無法死去。因為人在認為死亡是最大的威脅的時候，是會想要求生的。

那麼人為何會絕望？齊克果這麼說：「如果人當中沒有永恆者，那麼人就不會絕望了。」永恆者可以解釋為上帝。如此這般，齊克果提出了所謂「絕望的定理」理論。

首先，人會對自己絕望。於是人會厭惡自己，為了脫離這種狀況，會想要將自己吞噬殆盡，也就是想要尋死。然而人無法吞噬自己。這證明了人的內在有永恆者的存在。亦即**人的心中有著永恆的理想，因此怎麼樣**

絕望

絕望的定理

因為有永恆者存在，人無法吞噬自我 → 死不了

↑

人想要吞噬自我 → 尋死

↑

人對自己絕望

齊克果
（1813～1855）

生平與思想

丹麥哲學家。提出克服絕望的思想。否定黑格爾辯證法的抽象性，重視自我的主體性。為存在主義的先驅。

都死不了。而且，如果人之中沒有這樣的永恆者，人就根本不會絕望了。**人就是因為有理想，所以才會絕望**。

齊克果說，絕望是「致死的疾病」，那卻是一種**「死不了」的病**。從這個意義來說，齊克果絕對不是個消極悲觀的人。之所以這麼說，是因為齊克果的哲學，正是**提倡自行開拓人生的存在主義的前鋒**。

最為明確地反映出這一點的，便是齊克果宣言主體性就是真理。**失去主體性的狀態就是絕望**。而為了再一次找回主體性，人會不斷地掙扎下去。

存在哲學

齊克果──人生的三個階段

怎麼樣才能做原本的自己？

我們日常的模樣，是原本的自己嗎？你是否覺得好像活在偽裝之中？要怎麼樣才能做原本的自己？齊克果可以回答這些問題。

齊克果的思想，被稱為存在主義的先鋒。他認為人唯有活在打造「原本應有的自己」的無止境的努力之中，才有存在的意義。如果**迷失了原本的自我的形貌，那種狀態就是絕望**。

這裡就來介紹怎麼樣成為原本的自己吧。齊克果說，要達到這個目的，有三個階級，也就是人生的三個階段。

首先是美學階段。這個**行動與選擇的原理是審美或愉悅的階段**。在這階段，人只是本能地生活。即使得到渴望的東西，等到的也只有深深的倦怠。而得不到想要的東西時，就會陷入自我嫌惡，飽嚐挫折，深陷絕望。如此一來，人總算能踏入下一個階段。

下一個階段是倫理階段。這是**醒悟到人性的精神，努力做一個倫理的人的階段**。這指的是為了擁有崇高的人格，主動朝應當如此、符合倫理道德規範的人邁進的階段。來到這個階段的盡頭，人就會碰到自己的

人生的三個階段

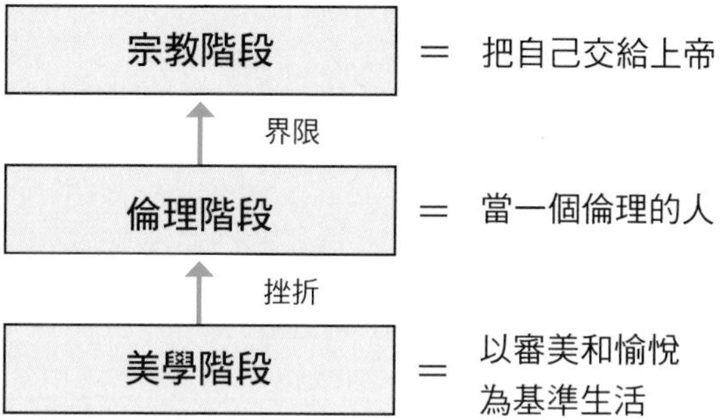

主要著作

《致死的疾病》：將喪失自我主體性與對上帝的信仰的「絕望」比喻為致死的疾病，為基督教式的存在哲學著作。

齊克果
（1813～1855）

無力，要不然就是陷入自己在倫理上已臻完美、傲慢自大的狀態。不管怎麼樣，這種狀態因為觸碰到自我的界限，可以說是絕望的深淵。然後人總算可以朝下一個階段前進。

最後的階段，是宗教階段。是**在三番兩次的絕望之後，將自己奉獻給上帝的階段**。一般情況，都會藉由否定自我來悔改自己的罪。然後接納上帝進入自己的內在，但由於兩者在存在上的落差，自己又會再度受到強烈的罪惡感所折磨。

就像這樣，人努力接納與自己差異過大的上帝的存在。有罪的自己，在上帝聖潔的存在面前，變成了「單獨的個人」。能夠支撐我們的雙腳的，只有超越理性、無法以道理解釋的「信仰」。也就是**面對上帝，我們終於發現了真正的自我**。

尼采——超人

怎麼樣才能活得堅強？

人是極為脆弱的存在，但不能因為這樣就輕言放棄。要怎麼樣才能接納自己的脆弱，並堅強地活下去？在思考這個難題時，德國哲學家尼采的超人概念可以做為參考。

尼采使用了德語Übermensch來表現這個概念，以英語來說，也就是superman。有一句話象徵了尼采的思想：「上帝已死。」但實際上上帝不可能死亡，這句話是在批判基督教。

因為尼采說，基督教被稱為愛的宗教，是撫慰弱者的宗教。基督教伸出了救贖之手，要人肯定自己的脆弱，在天國得到救贖，因此創造了救贖主體的上帝這個存在。

於是**人肯定自己的脆弱，將一切託付給上帝**。尼采就是批判這一點，說這豈不是形同奴隸嗎？因此他稱基督教是「奴隸道德」，主張這種**奴隸道德帶來了**虛無主義。

他呼籲人必須盡快清醒過來，不依賴奴隸道德，堅強地活下去。這便是尼采的思想核心。因此他宣言「上帝已死」。人生就是不斷地反覆相同的事，這叫做永恆輪迴。我們不管再怎麼痛苦，都必須接受這個永恆輪

超人

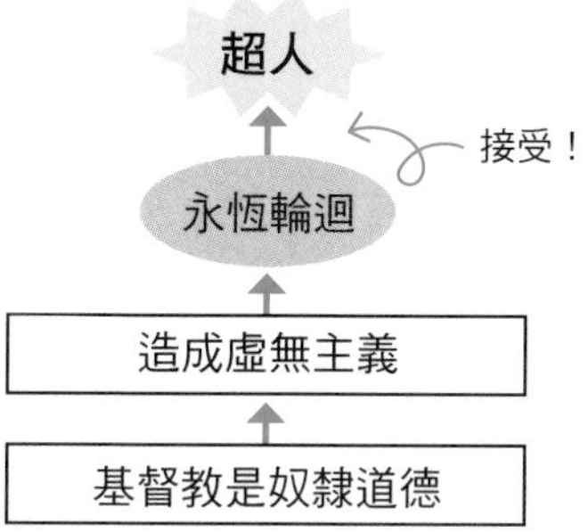

生平與思想

德國哲學家。視基督教為奴隸道德，加以批判，從存在主義的立場，主張以超人思想克服人生的痛苦。

尼采
（1844～1900）

迴，亦即必須全面去肯定生命。因此**能不能堅強地活下去，全繫於能否理解永恆輪迴，並仍然心想「好，我要再來一次」**。

不管對任何人來說，這都是最難熬的一件事。重複相同的事一點都不有趣，遑論要重複的是痛苦的人生。尼采將**能夠接納永恆輪迴的存在稱為「超人」**。因為能接納永恆輪迴這種苦的存在，已經是超越人類常識的存在了。

但話說回來，超人絕非遙不可及的存在。如果渴望堅強地活下去，一定就能接受永恆輪迴才對。

存在哲學

尼采——權力意志

驅動人類的力量是什麼？

你是否覺得自己被某種巨大的力量所推動？確實，我們總是意志著要做什麼，卻不可能事事如意。一定有什麼巨大的力量在作用。而尼采敏銳地識破了這巨大力量的真面目。

尼采說，人一切的行為，都有權力意志在作用。因為無論任何事物，都是由複數的力量相抗衡而逐漸形成結果的。只要看看社會，應該就能一目瞭然。因為雖然每天都會發生各種問題，但最後總是能歸於平靜。

即使有各種想法和主張，在彼此激盪之下，最後終會有一個著落。不過，憑我們的力量，是完全無法干預的。這表示世上有理性無法支配的事物。因此我們才能夠行使意志。因此雖然叫做權力意志，那也不是人為的力量。

話雖如此，如果沒有這種意志，人確實也無法成長，所以我們應該要具備旺盛的權力意志。重要的是了解它的本質。也就是因為我們具備想要做各種事的意志，事物才會進展，只是現實不一定總是能如意。

而事情無法如意時，人很容易會想要去

權力意志

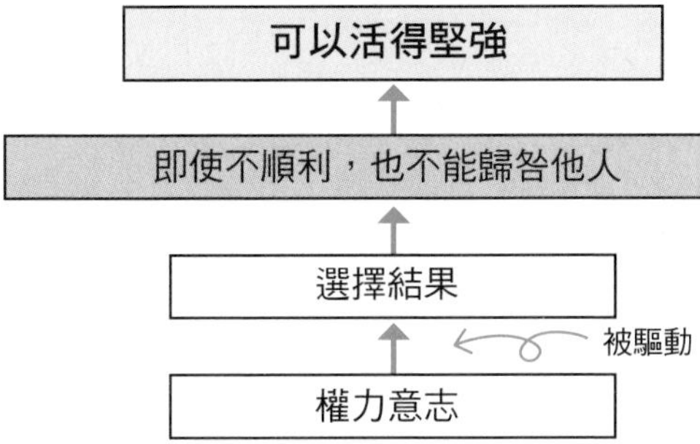

主要著作

《道德系譜學》：將基督教視為奴隸道德，加以批判。《查拉圖斯特拉如是說》：以故事闡述永恆輪迴與超人思想。

尼采
（1844～1900）

找出一個罪魁禍首，但實際上並不存在罪魁禍首這種東西。因為**一切都是權力意志造成的結果。一切都只是自己渴望如何的心情所帶來的虛象**。

因此即使天不從人願，也不能歸咎於他人。因為如果怪罪他人，就等於是依靠著基督教的奴隸道德在生活了。既然結果是自己所帶來的虛象，我們就非接受它不可。

說到底，人天生就是會擁有「權力意志」，並且受到它所驅動。這股力量造成了人在科學、宗教上的各種行動。尼采特別注意到的是藝術。尼采這種權力意志的概念，讓他提出了新的**生命哲學**（相對於過去的近世哲學探討的是理性，生命哲學探討的是非理性的生命意義）。

生命哲學

柏格森——綿延

時間是什麼？

我們活在時間當中。因此即使會去意識到具體的時間，比方說「已經八點了」，但被問到時間是什麼，卻會一下子答不上來。時鐘並不是時間，因為時鐘只是方便我們生活而任意製造出來的工具。在思考時間這個問題時，法國哲學家柏格森的綿延概念可以做為參考。

綿延是關於時間的概念，顯示了柏格森的生命哲學特徵。一般時間都被視為線性、序列性的，能夠測量，比方說一個小時、兩個小時。這是將時間視於我們之外的事物來理解，因此可以分割。但柏格森說，**時間是更源自於人的內在、更直觀的事物**。亦即它是內在的時間，因此也無從分割。

換個說法，時間的每一個瞬間都是各別獨立的，但是在我們的內在，它們相連在一起，以部分反映整體的形式存在。也就是說，**時間就像旋律，如果在其中加入新的音符，整體就會隨之改變**。

儘管如此，我們卻會覺得只是加上了一個音符而已，就好像加上數字一樣。

柏格森說，這是因為我們以理解空間的

綿延

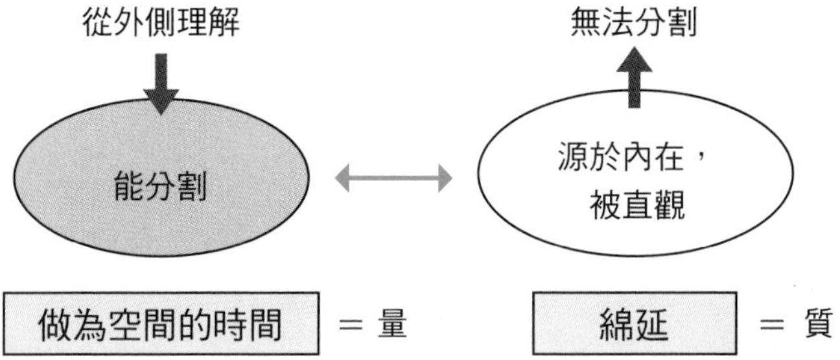

生平與思想

法國哲學家。提出生命飛躍性地進化的根源力量「生命衝力」概念。

柏格森
（1859～1941）

方式去看待時間的緣故。空間可以測量，只要加上一立方公尺，房間就會變大一立方公尺，但時間卻不是如此。可以說空間是量，而時間是質的存在。

就像這樣，只要重新審度時間觀念，過去也並非單純的逝水年華了。**記憶不是過去發生的事，當我們回憶的時候，其實過去又重來了一次**。在這種情況，記憶並非腦中沉眠的事物被喚醒，而是原封不動地存在於過去。

改變對時間的觀點，就好像連人生的意義都改變了，對嗎？不只是這樣而已。世界是憑藉時間來運行的，因此只要改變對時間的觀點，不僅是人生，對社會的觀點和意義，一定也會徹底翻轉。

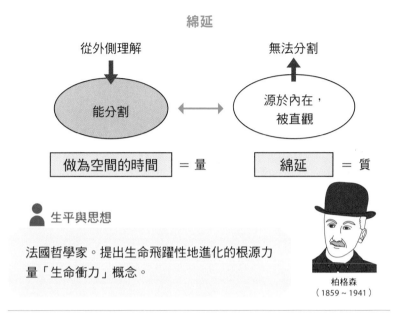

生命哲學

柏格森——生命衝力

人是如何進化的？

人類是如何進化的？達爾文的進化論說，人是根據自然淘汰法則，從猴子逐漸進化成人類的，但總覺得事情沒那麼單純。因為僅靠著自然淘汰這個環境因素，無法完全說明生命複雜而且高度進化的理由。這時我們可以參考柏格森獨特的進化論。

柏格森的進化論，是「生命衝力」（Élan vital）的概念。Élan是跳躍或飛躍的意思，而Élan vital，就是「生命的飛躍」之意。

換句話說，柏格森認為**生命絕非單線性地進化，反而是朝多方向爆炸性地分散進化的**。完全是飛躍性的。之所以這麼說，是因為生命雖然在某一個時間點分為植物與動物，但植物仍保留有動物、動物也保留有植物的痕跡。就像植物裡也有食蟲植物和會活動的植物一般。

使生命朝複數方向分歧進化的原動力，就是生命衝力。為了證明生命衝力的存在，柏格森著眼於屬於不同演化線系的生物，卻擁有類似的結構這一點。譬如他質疑，軟體動物與脊椎動物應該是屬於不同演化線系的生物，為何都擁有眼睛這種複雜的器官？據

生命衝力

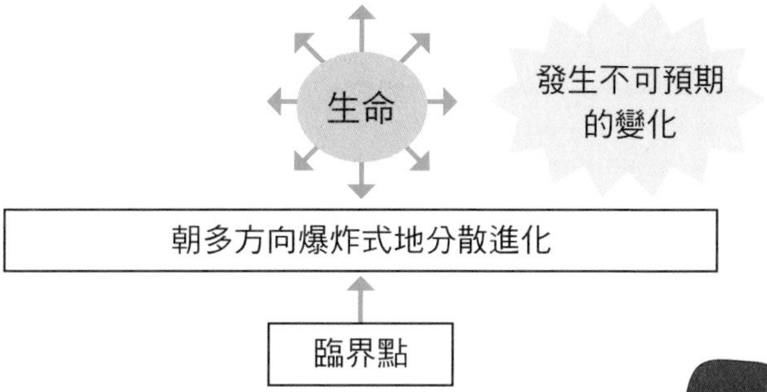

主要著作

《時間與自由意志》：以綿延概念展開新穎的時間論。《創造進化論》：以生命衝力的獨特概念為基礎的進化論。

柏格森
（1859～1941）

說兩者的眼睛，無論是化學構造還是來源的胚體都不同，卻具備相似的形態與功能。

柏格森說，這一定是因為身體的組織，與非解決不可的問題之間的關係來到臨界點，就會產生不可預期的生命變化。他認為這時**想「看」的強烈欲望化成了能量，衝破臨界點，形成了眼睛器官**。

柏格森**駁斥以機械論的方式去理解生命演化過程的發想**。機械論將自然界整體視為一具受到數學法則支配的機器。但如果是這樣的話，未來的演化應該也可以計算出來。因為這等於一切都已經計算好了。

柏格森強烈地譴責這樣的看法。因為那形同將可以人為預測的對物質的法則，不當地擴大到會發生不可預期狀況的生命世界。也就是說，生命與其他物質是不同的。

現象學

胡塞爾——現象學的還原

如何以不同的觀點看世界？

我們總是看著一樣的世界。但有時會發現電視新聞上的報導，或政治家所說的話根本就是錯的，而大為震驚。難道就沒有方法可以用不同的觀點看去世界嗎？這時我們可以參考胡塞爾的現象學的還原觀念。

胡塞爾說，我們平日總是老實地將事物或世界的存在當成大前提。這是日常經驗造成的習慣，是單純的「自然的態度」。

但胡塞爾批判說，要追求真理，這樣的態度是不行的。這時我們需要的是「超越論的態度」。這可以說是除了哲學性的反思之外，還要探究不可質疑的根源性事物的態度。我們所要探究的，就是被稱為「純粹意識（超越論的主體性）」的領域。

原本對於概念等抽象的存在，是不能基於自然態度這樣的慣性去判斷的。因此胡塞爾提出必須要遮斷這樣的態度。因為他認為透過這麼做，**就能純粹地感受意志，去深入探索事物的本質**。這就是「現象學的還原」。透過現象學的還原，一切超越性的事物都被排除之後，仍然留下來的事物，就是純粹意識。

現象學的還原

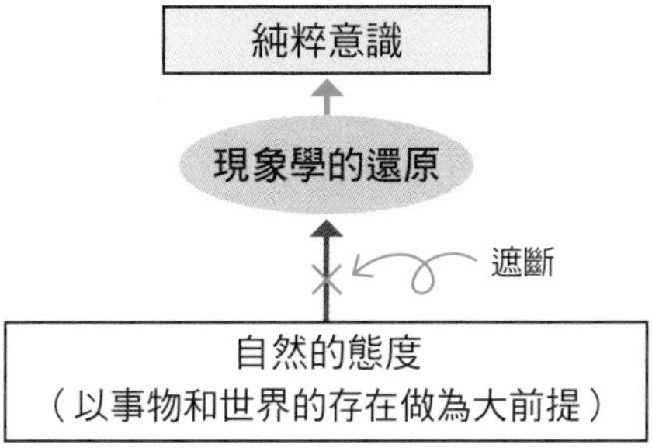

生平與思想

出生於奧地利的哲學家。為了替各種學問打下基礎，開創了據實記述意識現象的現象學。海德格是他的弟子。

胡塞爾
（1859～1938）

就像這樣，現象學是意識本質的學問，以分析全意識領域的本質為課題。因此不會去追究意識個別的、偶發的特性，而是在普遍的性質層面上得到闡明。

一般來說，事實與本質是密不可分地相對應的，但本質並不必然僅與特定的事實相結合。以這個意義來說，本質具備普遍性。**對於各種意識體驗到的事物本質，原原本本地去掌握，這種作用叫做「本質直觀」。**

「本質直觀」有必要與經驗性的事實相關的「經驗直觀」區分開來。透過本質直觀掌握到的本質並不特別精巧，卻極為重要，可以說這便是胡塞爾所提倡的現象學的意義所在。我們唯有獲得本質直觀，才能從不同的觀點去看世界。

現象學

胡塞爾——懸置

停止判斷是什麼意思？

為了要懷疑常識、釐清真理，有必要暫時停止判斷。但是要怎麼做，才能停止判斷呢？我們的腦袋只要開始思考，就難以停止。一旦認定是如此，除非遇上天大的衝擊，否則應該是不會改變觀點的。這時我們可以參考胡塞爾的懸置概念。

懸置（epoché）一詞，原本來自於意味著「中止」的希臘語。古希臘哲學家皮浪是第一個使用這個詞彙的人。皮浪說，**為了探究真理，必須避免斷定，暫時停止判斷**。

胡塞爾將這個概念應用在自創的「現象學」上。懸置是現象學的方法之一。也就是在現象學中，會將乍看之下理所當然的事實先放入括弧。

原本對於概念等抽象的事物，我們都只是基於習慣去做出判斷，其實並不了解它的本質。這時候就需要「停止判斷（懸置）」了。也就是將我們日常確信「存在於那裡」的世界存在，**視為只不過是自然的態度帶來的印象，而暫時「放入括弧」**。

如此一來，被放入括弧的世界，便能純粹地被意識、被探究本質。也就是要去質疑

懸置

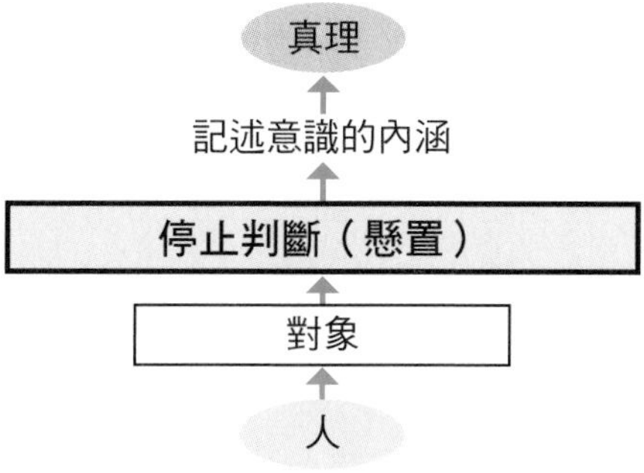

主要著作

《觀念》：闡述透過懸置、現象學的還原等方法來萃取出純粹意識，胡塞爾現象學根本原理的大著。

胡塞爾
（1859～1938）

常識。這便是暫時停止判斷的意義。

然後將即使停止判斷，仍自然地從意識中湧現的事物加以表述。亦即僅記述意識的內涵。這便是所謂**現象學的還原**的過程。經由這樣的過程，自我意識與外在世界相連在一起，然後終於能夠看清真理。

不過對於懸置，也有一些批判的聲浪。比方說，有人批判這只是將客觀的真理放入括弧，記述主觀的真理罷了。也就是說，這等於是陷入了雙重真理的狀態。對於這一點，胡塞爾回答他絕對不是以主觀的真理取代客觀真理，反而是在質疑客觀真理的根源意義。換句話說，**懸置是停止判斷，但並非放棄判斷**。它的目的是為了進行更深刻、更根源性的思考，這一點必須留意。

存在哲學

海德格——在世存有
人原本的生活方式是什麼？

人該怎麼樣活下去才好？人原本的生活方式是什麼？當然，我們也可以毫不思考，渾渾噩噩地過日子，這也是一種答案吧。但不知為何，我們就是無法接受這樣的人生。所以人才會擺脫不了「何謂人生的意義」、「何謂原本的生活方式」這些難題。思考這些難題時，海德格的「在世存有」概念可以派上用場。

海德格說，**在世存有便是活在世上，與各種事物發生關聯、並為它們所煩憂**。比方說，我們早上起床後會刷牙，吃早飯時會用餐具。通勤時坐車，上班用電腦，睡覺時則躺在床上。這些事物等於是我們的工具，我們活在這些工具當中。海德格將人的存在稱為此在，以這個意義來說，此在便是在世存有。

不過，人活在與事物的關聯之中，並不是單指人活在物質的包圍中。如果只是被物質所包圍，無為地反覆寢食活動的存在，那麼你自己是誰都無所謂了。海德格說，那樣的話，就只是個「常人」而已。

「常人」只是個以工具為終極目的的

在世存有

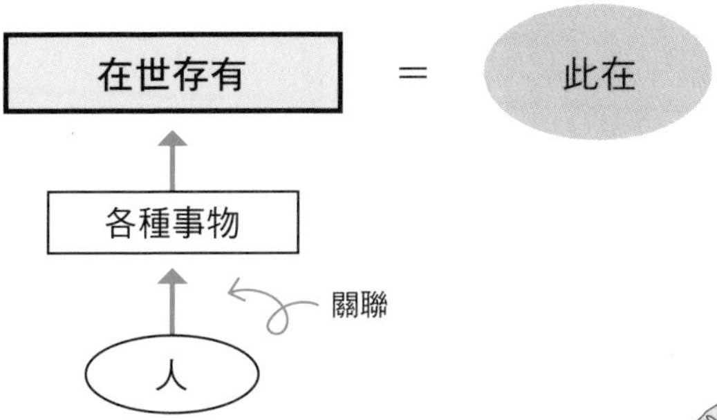

生平與思想

德國現代思想家。主張人應該自覺到自己是無法取代的「向死存有」。也因為支持納粹而出名。

海德格
（1889～1976）

人，就會變成可替換、可代理的人，變成是誰都無所謂的存在了。因此海德格認為**可替換的此在並非原本的生活方式，主張人應該要過著原本的生活**。

海德格在設計出在世存有這個概念時，參考了生物學中的環境世界這個概念。一切的生物都擁有環境世界，但全都不盡相同。海德格主張，首先對非生物來說，是沒有世界的；而對動物來說，世界是貧乏的。相對於這些，對人類而言，世界是形成的。亦即人是自行開創世界的生物。

海德格的思想被歸類為存在主義，但他本人不認同這樣的分類，不過基於以上的理由，他的哲學仍被定義為主動開創人生的存在哲學之一。

存在哲學

海德格

死亡的意義為何？

——先行決斷

對人而言，死亡具有什麼意義？我們常以負面的角度看待死亡，將它視為虛無、悲傷、恐懼，但對於這個沉重的問題，海德格為我們提供了一個正面積極的答案。

每個人的內在橫亙著根本的不安，那就是對死亡的不安。然而海德格竟想要**將這股不安轉化成積極的心態**「先行決斷」。簡單地說，先行決斷就是預先了解到人生的前方即是死亡，並予以接受。

海德格將「此在」定位在時間中，要人自覺到被夾在「誕生與死亡」這兩個終點的存在的有限性。藉由這樣，此在雖然面對自己的死亡而崩潰，卻能回顧自己已然置身的現狀，放眼自我固有的可能性，被迫做出瞬間的決斷。換句話說，人便是一個邁向死亡的存在，踏上無可取代的固有人生。

海德格的意思是，**只要每個人都意識到死亡，就能認真地過活。而那認真的模樣，才是真正的此在**。海德格認為，因為死亡是**讓人意識到生命有限的契機，而積極地予以肯定的評價**。這也是為什麼海德格被稱為死亡的哲學家。

先行決斷

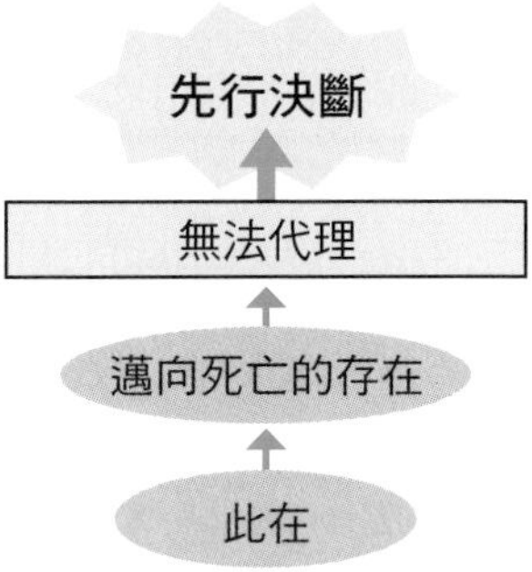

主要著作

《存在與時間》：原本的主題是存在論，但未完成。不過序論中對於人（此在）的分析，賦予了存在哲學莫大的影響。

海德格
（1889～1976）

這一點也反映在他對時間的概念上。海德格說，**意識到死亡，就能萌生先行決斷，意識到當下這一瞬間**。這就是原始的時間性。相對地，若是對未來一片茫然，只是庸庸碌碌地活在現在，這裡有的就只是非原始的時間性。在非原始的時間性裡，**死亡被遺忘，因此人只是渾渾噩噩地度日**。因此他呼籲人類要克服這種通俗的時間概念。

海德格肯定死亡的意義，並揭示人存在的意義。戰前他支持納粹，導致後來被逐出杏壇，但他克服這些挫折，執著於持續揭示存在的意義，他的哲學可以說築起了一座在現代依然屹立不搖的金字塔。

存在哲學

沙特——存在主義
命運能改變嗎？

人的命運能改變嗎？思考這個問題時，可以參考法國哲學家沙特的存在主義。存在主義有許多提倡者，他們的共通之處，在於都主張人能自行開創人生，而沙特的思想可以說是其中的典型。

沙特認為，**人絕對不是受到某些既定本質支配的存在，而是應該親手開創人生的存在**。

沙特正式介紹存在主義，是在一場演講上，它的內容後來整理為一本書《存在主義與人文主義》。據說當時的聽眾多到連會場都容納不下。因為當時對於存在主義，大眾依然抱持著負面印象，所以才會為了了解它的內容而前來聽講吧。沙特就是在這樣的逆風中開拓出新時代。

沙特說，存在主義是「存在先於本質」。存在也就是實存，而本質就類似預先注定好的命運。

沙特以拆信刀為例來說明。拆信刀是以特定的方式製造出來的物品，同時具備某種用途。因此這種情況，可以說拆信刀是先有本質（用途、角色），然後才會存在（實

存在主義

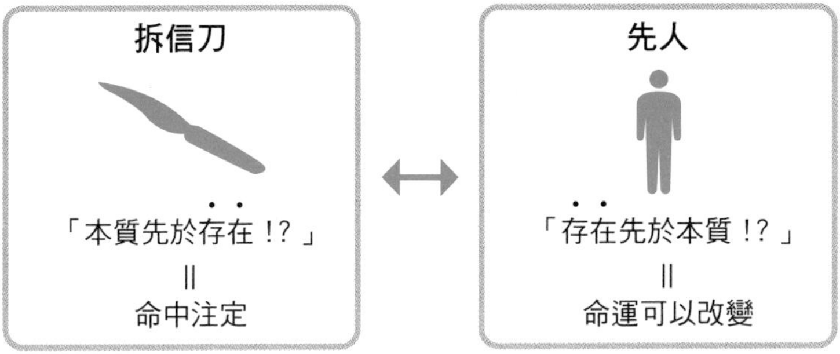

生平與思想

法國哲學家、小說家。基於存在主義，主張人應該積極參與社會。自己也主動發起政治運動。

沙特
（1905～1980）

存）。也可以說拆信刀的存在受到本質所限制。因此像拆信刀這種製造方式與用途都預先決定好的存在，是本質先於存在。換句話說，它的命運早已注定。

但人的情況則完全相反，「存在先於本質」。人一開始什麼都不是，是後來才成為人的。而且是成為自己打造的樣子。換句話說，人的命運是可以改變的。

沙特稱這種狀態是「人是被判處自由的」。它反映出人被迫不斷地自由做出選擇。確實，如果聽到「做什麼都可以」，人就會不知所措。但同時這句話也讓我們認識到一個驕傲的事實：**我們總是在人生旅程無數的選項當中，自由地做出選擇。**

沙特——介入

改變社會是怎麼一回事？

改變社會，是怎麼一回事？我也有過這樣的經驗，不管再怎麼想要改變，社會依然存在著好幾道高牆，無法輕易說變就變，有時甚至是完全無可奈何。效法唐吉訶德那樣，果敢地挺身面對，真的有意義嗎？沙特的介入概念回答了這個問題。

介入是沙特提出的術語，意思指的是積極地參與。原文為engagement，英語多譯為commitment。

沙特經歷過戰爭，這件事肯定也影響了他的思想。沙特有段時期被徵兵從軍。在這無從逃躲的拘束之中，他醒悟到所謂的自由，只能在被賦予的「處境」中得到。

要在被賦予的處境中實現自由，該怎麼做才好？既然無法逃離，那麼也只能縱身躍入了。這便是沙特最後得到的答案。

面對不論自己做何感想，都無可奈何的客觀狀況，人有時會就這麼認命地接受，但沙特的主張與這種消極的態度南轅北轍。沙特所主張的不是消極地接受，而是**透過積極的社會參與**，**甚至能扭轉客觀狀況**的正面態度。

介入

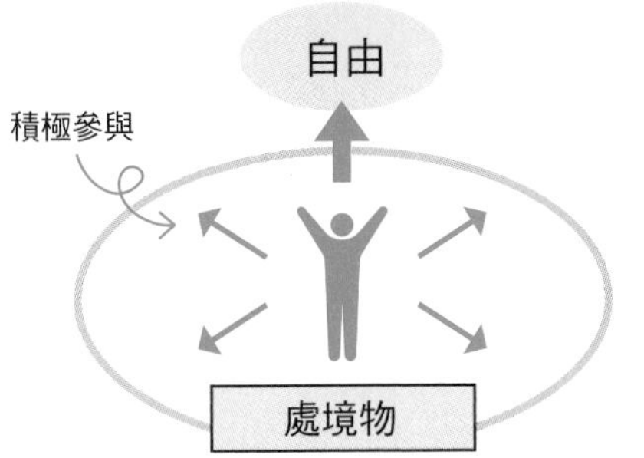

主要著作

《存在與虛無》：以現象學角度考察存在論的主要著作。對人的精神進行存在式的分析，掀起了存在主義的熱潮。

沙特
（1905～1980）

因此結果是次要的。如果認為高牆打不破就放棄，永遠都不會有所改變。只要有一絲可能性，就要挺身對抗。唯有如此，才能得到自由。

沙特這種果敢的態度背後，可以說是一種責任感吧。那是**隨著自發性的選擇而來的責任**。而且沙特說，這是對於全人類的責任。他說選擇自己，就是選擇全人類。因為**存在主義不是自掃門前雪這種狹隘的思想，而是為了全體社會的思想**。

就這樣，**沙特的存在主義逐漸定型，變成透過自己的行動，去實現社會變革的理論**。事實上，沙特曾支持反（美國）越戰運動、阿爾及利亞獨立戰爭等等，透過自己的選擇，積極實踐介入的概念。這才是存在主義實現自由的方法。

梅洛龐蒂——身體可以控制嗎？

身體圖式

我們能說完全控制了自己的身體嗎？梅洛龐蒂的身體論回答了這個問題。

梅洛龐蒂藉由以現象學的方式去研究身體，試圖跨越笛卡兒的精神與物質二元論。亦即，他說**自己的身體經驗，是非精神也非物質的「二義的存在方式」**。

這裡所說的二義性，起因於人是透過身體來感知。因此身體的一部分對我們而言，是永遠無法感知到的，一般來說，我們也無法像對其他事物那樣，去自由觀察我們的身體。

而就像我們絕對無法自由觀察自己的身體一樣，我們也無法自由地去意識到自己的身體所進行的潛意識活動。亦即，**我們的身體會任意行動，這是一種感知造成的無意識行為，也就是非人稱行為**。

並且，身體具有任意將各種感覺和運動連結在一起，並生出構造或意義的功能，這叫做「身體圖式」。換句話說，身體能夠當場將感覺變換為肌肉運動，或瞬間將身體某部位的肌肉運動翻譯成其他身體部位的肌肉運動，或是讓一種感覺與另一種感覺瞬間交

身體圖式

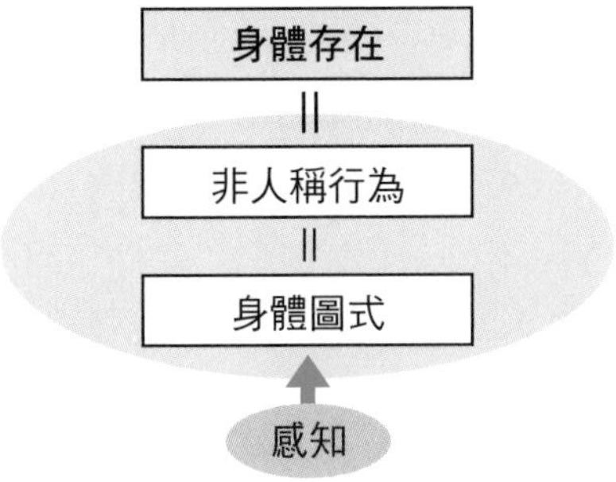

生平與思想

法國思想家。哲學史上第一個正式以「身體」為主題的學者，試圖從現象學的觀點去克服心靈與身體的問題。

梅洛龐蒂
（1908 ~ 1961）

流。

這與過去的存在觀念，以自我意識為中心去捕捉人的存在本質的發想截然不同，可以稱之為以身體為中心的身體存在。

多虧了這個身體圖式，人才能順暢地感知到世界，做出行為。至於為何能做到這樣的事，**是因為這些感覺與運動，被視為將事物當成一整個對象來看待的完形（gestalt），也就是被視為形態的特性或構造。**

身體在世界做出行為時所浮現的這種完形，大部分屬於無意識的領域。身體圖式中呈現的完形，大部分是我們做為個體誕生以前，就遺傳性地繼承下來的。以這個意義來說，可以說**身體的存在是超越個人的、傳統的重複。**

身體論

梅洛龐蒂——肉

身體與世界是什麼關係？

身體與世界是怎樣的關係呢？當然，我們的身體存在於世界中，但梅洛龐蒂超越了這種被動的觀點，找到了更積極的意義。

梅洛龐蒂以迥異於過去常識的角度，談論心靈與身體的關聯，也就是將身體視為對象物與我們的感知之間的媒介。因為他著眼於**我們總是透過身體來看見、觸摸並感知**。

梅洛龐蒂認為是身體形塑了我們的世界以及意識。各位知道「幻肢」嗎？幻肢指的是例如因事故而失去右手的人，仍會無意識地想要用右手抓取東西的現象。這個時候，對那個人而言，世界仍是遭遇事故前的身體所感知的狀態。然而漸漸地，他會習慣沒有右手的世界。也就是對他而言，他的世界已經改變了。

在這裡，**身體不是單純的機器，而是我們和世界連繫的唯一手段**，也可以形容為對世界的意向性。這樣的身體，可以說是**我們與他者共鳴所需的共通介面「肉」**。也就是說，他者也和自己一樣擁有身體的這個事實，成了我們理解他者的契機。

右手觸摸左手的時候，我們能有右手碰

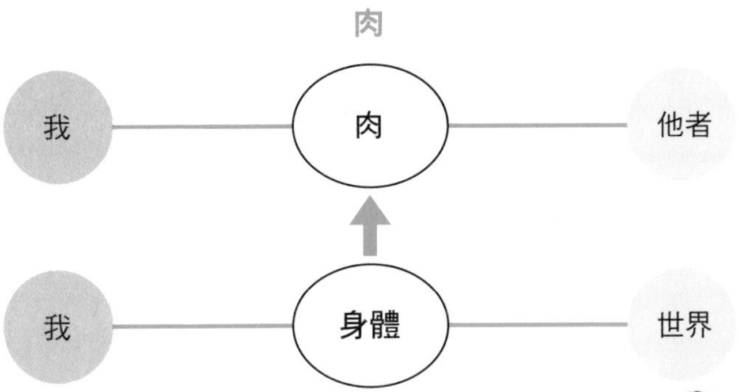

主要著作

《知覺現象學》：以胡塞爾的現象學為基礎，著眼於身體帶來的經驗的二義性，試圖解決身心問題。

梅洛龐蒂
（1908～1961）

到左手，以及左手被右手碰到這兩種感覺，而這種感覺不僅是對自己的身體，對他者或物品也是一樣的。

這麼一來，也可以推測世界是由某種一切皆為一體的事物所構成、全都相連在一起。而這「皆為一體的事物」，就是這裡所說的「肉」。附帶一提，這個「肉」來自於《聖經》。在《聖經》的世界裡，可以看到許多人「分享肉」這樣的表現。

因此，世界的一切，都只不過是以不同的方式表現出來的同一樣事物罷了。

我們會認識世界各事物的差異，是因為透過自己的身體這個媒介的感知之故。在這裡，身體所具備的意義有了重大的變化。**我的身體，超越了單純身體的意義，被重新定義為我和世界連繫的媒介物。**

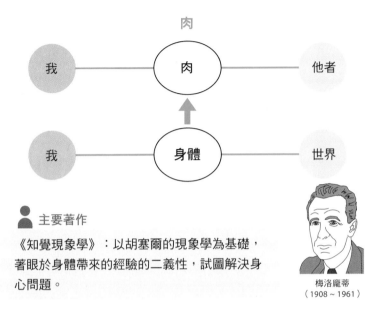

他者論

列維納斯——臉

為什麼我們會在乎他人的眼神？

我們很在乎他人的眼光。到底為什麼我們會在意別人的眼神呢？思考這個問題時，可以參考列維納斯提出的「臉」的概念。

列維納斯說，人會試圖釐清事物的輪廓。這是**為了讓事物更明確、去擁有它們。透過擁有，做為「他者」的世界就會變成我的，也就是變成「同」**。人是一團需求。換個說法，就是一團闕如，所以會去追求。而這樣的需求得到滿足的同時，世界的一部分也變成了我的。

但是這麼一來，就會出現一個問題：世上有沒有一個絕對不會被我回收的絕對他者呢？可以說這就是列維納斯的主題。

即使我們去追求了，卻絕對無法滿足的事物，列維納斯稱它為「被欲望的事物」。他將需求（le besoir）與欲望（le désire）區分來看待。

欲望的對象，是**絕對不會被滿足、可永遠追求下去的事物。那就是**他者。因此他者不會被任何人所擁有。就像列維納斯的著作《整體與無限》這個書名所象徵的，他者是絕對不會被納入整體之中的存在。因為列維

臉

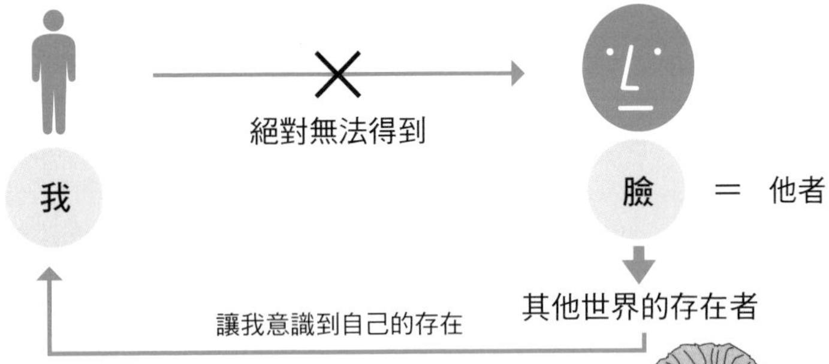

生平與思想

生於立陶宛的猶太裔哲學家。出於遭納粹逮捕的經驗，主張應尊重他者的存在。

列維納斯
（1906～1995）

納斯仇視整體這個概念，他認為整體性會剝奪個性，極權主義就是其中的典型。

關於絕對的他者，列維納斯說：「唯有絕對的異邦之物，才能教導我們。對我而言，能成為絕對的異邦之物的，就只有人。」

最能象徵那絕對無法得到的他者的，就是「臉」。「臉」是他者的顯現，而且這指的不是一般的臉，而是當下面對面的「臉」。

說得淺白一點，**人唯有被他人的臉注視時，才能意識到自己的存在，感覺到加諸己身的責任**。因為「臉」不僅每一個人都不同，而且他人的眼神是絕對無法納入自我的另一個世界之物。它不允許用我的尺度去衡量。所以我們才會如此在乎他人的眼神。

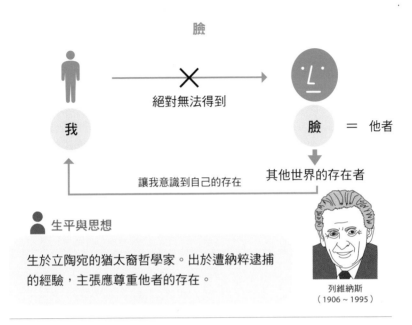

他者論

列維納斯——倫理

何謂倫理？

倫理究竟是什麼呢？世人都說倫理很重要，或說人們缺乏倫理，我們也在高中學過「倫理」這樣的科目，但其實我們並不清楚倫理的真實面貌。在思考倫理的問題時，列維納斯有關他者的思想可以做為參考。

他者，是根本上與我不同的存在。說起來就是來自於我的世界之外的「差異」。儘管如此，身為差異的他者卻會侵入我之中，這就是個問題了。

在我之中，總是有身為差異的他者盤踞著。因此他者與我是切也切不斷的關係，而且因為切不斷，我們必須對他者扛起無止境的責任才行。也許會有人認為單方面地扛起責任太不公平。

為什麼會變成這樣？因為對列維納斯來說，他者的存在本身就是「倫理」。他認為**我這個存在，是因為有他者才能成立的**。

一般談到倫理，指的是自己與他者之間對等的關係。因為倫理是同伴之間應該遵守的規範、規矩。但列維納斯所說的**倫理，卻會衍生出對他者負起無止境的責任這種非對稱的關係**。先前說的**他者本身就是倫理**，就

倫理

他者就是倫理

＝

非對稱的倫理，我對他者負起無止境的責任

↑

我之中隨時都有他者　＝　他者與我切也切不斷的關係

↑

做為差異的他者存在

主要著作

《整體與無限》：闡明不會被納入整體的他者的無限性，是非暴力的存在論。

列維納斯
（1906～1995）

是這個意思。

他者先於自己的存在，這樣的觀點令列維納斯的思想與過去的西方哲學大異其趣。事實上，列維納斯就把從柏拉圖延續到笛卡兒、黑格爾過去的西方哲學稱為整體性的形上學，加以抨擊。因此他強烈影響了一九八〇年代以後德希達等人的後現代思想。

因此列維納斯的思想也可以說給了我們契機，重新審視以自我為中心的現代社會。我們總是以自我中心的角度去思考事情，然而世界上也是有其他的觀點存在的。在現代社會，就連倫理都被視為自己應做的事。但如果將倫理重新定義為**自己應該為他者做的事**，會出現什麼變化？我深切地認為，那應該會是個比現在更為他人著想、沒有暴力的和平社會。

二十世紀是怎樣的時代？

第四章主要介紹了二十世紀的哲學家。當時是一九〇〇年代，這個時代，也被稱為是動盪的時代。畢竟二十世紀發生了兩次世界大戰，開發出威力足以毀滅人類的核子武器，且人類終於飛上太空，當時即是這樣的時代。

哲學家也隨著時代一同思索，因此當然無法自外於時代的影響。這個時代有許多哲學家以各種形式參與戰爭，就是出於這樣的理由。

像是成為戰爭犧牲者的沙特、列維納斯，或是反過來作為加害者的海德格。不管怎麼樣，他們都被迫正視了迥異於理性的人類本質。

無論站在何種立場，至少他們確實都曾試圖克服人類的負面作為。因此這個時代的哲學家，與自行開創人生這個意義面上的存在主義特別契合。

也許這可以說是一個面對無可招架的巨大力量，卻仍然不斷地掙扎抵抗的時代。二十世紀儘管是戰亂的世紀，我們卻不知為何嚮往著它，或許就是因為這個緣故。

反過來看，二十一世紀又是個怎樣的時代？我總深深地感覺這是個萬念俱灰的時代。從這個意義來說，現在的我們也更有必要去學習二十世紀的哲學。

Chapter

5

推動世界的新規則

現代思想

工具主義

杜威——實用主義
知識該如何活用才好？

一直以來，我們的教育都是以背誦知識為主，雖然我們學到了許多知識，卻不知道該如何活用這些知識。知識究竟該如何活用才好？這時我們可以參考實用主義。特別是杜威的概念格外有益。

實用主義（Pragmatism）是源於希臘語中意味著行為、實踐的 pragma 一詞，它是在美國發展開來的思想。實用主義主要的論述者有三人，其思想內容也有著階段性的變化。

第一個提倡實用主義的，是哲學家皮爾士，他以「實用主義」這個詞來表達釐清概念的方法。簡而言之，皮爾士主張**以科學的實驗方法進行概念的分析，而概念的意義，將透過由此導出來的效果來確定**。

而威廉・詹姆斯將皮爾士提出的實用主義向前推進一步。詹姆斯將皮爾士的實用主義方法應用在人生、宗教、世界觀等真理問題上。他主張，**真理必須從是否對我們的生活有用的觀點**，亦即以實用性為基準去評估才行。

實用主義就像這樣，發展成更為實踐性

實用主義

皮爾士 →	概念的意義透過效果來確定
詹姆斯 →	真理依據實用性來判斷
杜威 →	知識是輔助人類行動的工具

生平與思想

美國哲學家。開拓功能主義心理學，同時站在實用主義立場，提倡工具主義。在教育論方面也十分有名。

杜威
（1859～1952）

的思想，最後由杜威所完成。杜威將豐富我們的日常生活視為哲學的目的。這麼一來，**思想和知識這些事物，便成了讓人適應環境的手段，而非本身具有目的和價值。**知識可以視為對人的行動有益的工具，這樣的思想，叫做工具主義。

杜威更進一步主張，經由①探究的先行條件（不確定的狀況）、②設定問題、③決定解決問題（形成假說）、④進行推論、⑤測試假說等階段，才能讓知識做為工具派上用場。

知識必須做為工具使用才有意義，這樣的發想，對於只知道把知識當成知識背誦起來的人來說，應該是相當有益的觀點。

教育論

杜威——創造性智慧

支持創新的思想是什麼？

我們常說人必須創新。一般說到創新，指的是革新世上的習慣或技術。那麼要秉持什麼樣的心態，才能做到創新呢？世上真的有能促進創新的思想嗎？思考這個問題時，可以參考杜威的創造性智慧。

當**智慧影響周圍環境，成功適應並將目光轉向社會時**，杜威稱此為創造性智慧。這時智慧將會對社會進行改造。

不過這時的改造，不能以蠻力進行，而必須完全是透過討論的智慧來推動。因此杜威很重視教育。

既然**教育的目的是行使討論等自由的智慧**，那麼透過教育所培養出來的智慧本身，就必須要能保障自由。而擔保這一點的，便是民主主義社會。

就像這樣，**教育的目的被放在建構民主主義社會上**。學校被定位為實現此一目的的「小型社會」，教育內容也被迫做出變革。實際上，杜威就成立了實驗學校，以實踐自己的實用主義教育。他想要藉此達成的，無非是做為工具的智慧，也就是創造性智慧的涵養。

創造性智慧

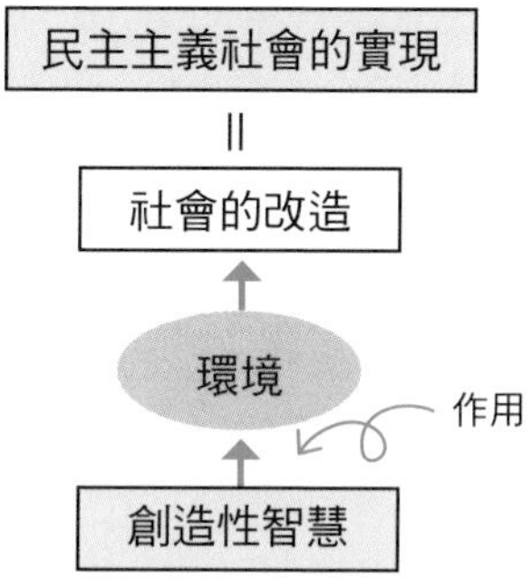

主要著作

《民主主義與教育》：將教育視為經驗的重新構成，揚棄填鴨式教育，闡述與個人興趣及欲望連結的教育的必要性。

杜威
（1859～1952）

不僅是教育內容，杜威也對教育方法進行了改革。他將過去學生只是聆聽教師講課的被動課程，改變成親自動手做、獨立思考的主動內容。也就是所謂**解決問題式的教育**。

具體來說，創造性智慧在面對新的刺激時，能發揮創造性的功能，觀察、認識刺激，預測未來，並規畫出嶄新的行動樣式。換句話說，它是一種**重新建構原有的習慣的功能**。所以才能適應社會的改造、社會的進步。杜威的實用主義思想，會在現代被視為創新的理論受到矚目，也是出於這樣的理由。其中創造性的智慧，應該可以定位為促進創新的思想。

精神分析學

佛洛伊德——伊底帕斯情結

對父母的愛造成了什麼影響？

父母愛孩子是天經地義的事，而孩子也愛著父母。然而據說如果母親與兒子的愛、父親與女兒的愛過於強烈，就會出現問題。對父母的愛究竟會帶來什麼樣的影響？精神分析學之父佛洛伊德的學說可以做為參考。

佛洛伊德說，**我們具備一種性的能量**「性衝動」，**如果對它的願望遭到拒絕，一般就會轉為透過替代物來滿足願望**。

但是若患有精神官能症的情況，會在發達階段中退化到前一個階段，並停留在那個階段。佛洛伊德認為這就是精神官能症的原因。換句話說，是受到壓抑的性能量轉變成身體症狀了。

伊底帕斯情結的概念便是在這裡登場。佛洛伊德說，隨著男孩對生殖器官的原始關心及快感增加，會在無意識中對身邊的女性，也就是母親的依戀加深，同時也會開始厭惡起父親。

這種對父母不同的感情會造成問題。也就是**做兒子的不管再怎麼深愛母親，因為有父親在，他永遠無法獨占母親**。男孩認為如果把母親據為己有，就會被父親切掉陰莖，

伊底帕斯情結

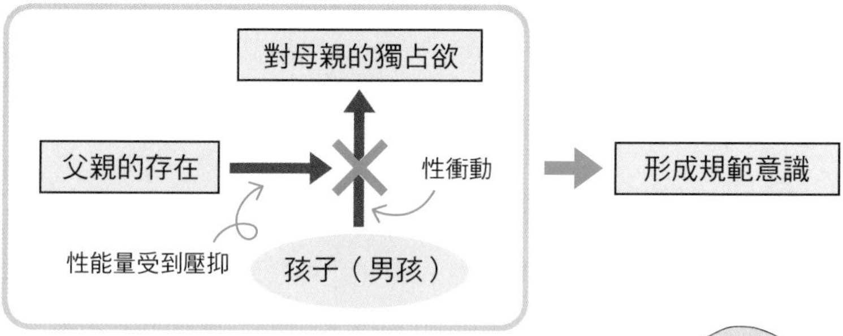

生平與思想

奧地利精神分析家。在治療精神官能症的過程中，發現人類心中的潛意識領域。被稱為精神分析學之父。

佛洛伊德
（1856～1939）

因而處在恐懼之中。

而這時兒子會怎麼做呢？**他們會努力在父親面前當一個好孩子。就這樣，規範意識逐漸形成**。這就是伊底帕斯情結。伊底帕斯情結這個名稱，是源自於弒父娶母的伊底帕斯王的神話。佛洛伊德主張，這樣的伊底帕斯情結便是精神官能症的原因。

也就是說，即使長大成人，仍無法脫離屈服於父親權威的狀態，沒辦法將自己的性衝動轉移到做為性對象的他人身上。所以才會罹患精神官能症。這種情況，當事人也不會發現這與幼兒時期的感情有關。

當然不只是男孩，女孩也可能同樣在內心厭惡著母親，對父親懷有扭曲的感情。此外，佛洛伊德還說一旦有了兄弟姊妹，想要獨占父母的欲望又會衍生出家庭情結。

佛洛伊德——本我

心的結構是什麼樣子？

心究竟是什麼樣的結構呢？心臟的結構圖可以在圖鑑上看到，但是心是什麼樣的結構，卻無人知曉。這時佛洛伊德的思想可以做為參考。

佛洛伊德的研究，可以說便是在揭曉心的結構。其實心呈現三層構造。首先，人的根源之處有著性衝動（libido），也就是性的能量。這就是本我，德語叫做「es」，拉丁語叫「id」，兩者都是「它」的意思，指的是**潛意識的心靈能量**。

相對於此的，是以父親的存在做為象徵的規範意識。這叫做「超我」。這個領域受到伊底帕斯情結等重大的影響。伊底帕斯情結是男孩對母親的愛遭遇挫折，因而對父親萌生的情結。而調解「本我」和「超我」兩者之間的對立的，就是自我。

這**本我**、**自我**、**超我三者**，**便是心的三層構造**。超我可以說是伊底帕斯時期，內化於孩子內心的父母親的道德面。也就是說，這來自父母的壓抑，內化於自我的內在了。這便是超我的形成過程。因此超我的功能，是將父母納入、並與之同化的結果所產生的。

本我

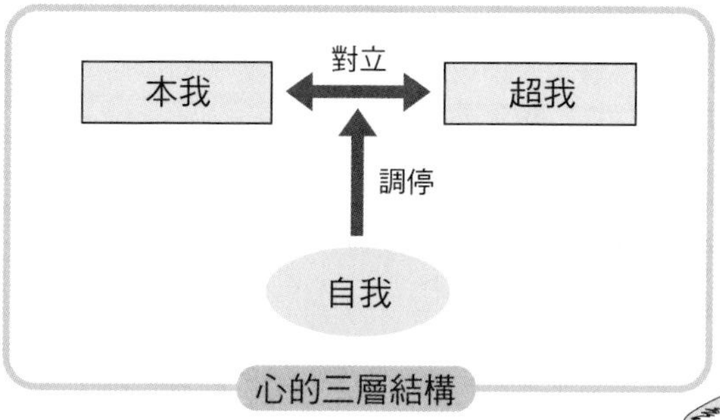

主要著作

《夢的解析》：認為夢的內容反映出潛意識，加以分析。《精神分析概要》：用潛意識的壓抑與抵抗來說明心的結構。

佛洛伊德
（1856～1939）

這是一種教導善惡的功能，大部分是「不可以做……」的禁止形態。此外，不只是針對行為，它也會對不道德行為的念頭產生嚇阻作用。

因此，**做為欲望的本我，與做為規範意識的超我相對立。而自我負起調解這兩者的任務**。自我夾在兩者之間，巧妙地控制彼此的對立，或是遏止，或是使其發揮功能，並逐漸茁壯。

不過自我也並非無所不能。自我總是夾在本我與超我之間糾葛矛盾，因此有時會覺得心快要爆炸了。這種情況，佛洛伊德說心理防衛機制會發生功用，自動讓人解除壓力。比方說即使得不到想要的東西，也會暫時遷就於替代品。看來人的心就像精密的機器一樣，極為精巧。

維根斯坦——語言遊戲

對話為什麼能成立？

我們的對話為什麼能成立呢？儘管同一個詞彙擁有許多種意思，我們卻能溝通無礙，實在不可思議。維根斯坦的思想回答了這個問題。

維根斯坦說：「將語言工具與用法的多樣性，還有詞彙、句子種類的多樣性，拿來和邏輯學家對語言構造的論述相比較，非常耐人尋味。」並將語言多樣的運用方式命名為「語言遊戲」。

在日常生活中，我們形同是在**進行交換語言，解釋意義的遊戲**。這樣的遊戲裡，規則會依場所和情況而有所不同。**語言活動，是依據生活的各種場合來決定的**。

維根斯坦舉了個例子，也就是將寫了「五顆紅蘋果」的字條交給對方，指示對方去買東西。這時，我們心中的前提是老闆看到字條後，會打開寫著「蘋果」的箱子，然後尋找符合「紅色」色樣的顏色物體，算了算五顆後交過來的場面。

要透過「五顆紅蘋果」這樣的字條，而得到五顆紅色的蘋果，語言交換和解釋的前提是不可或缺的。因為假設老闆把蘋果當成

語言遊戲

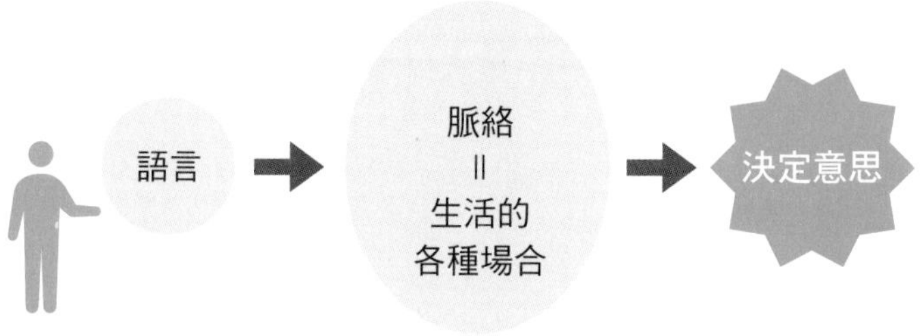

生平與思想

出生於奧地利的哲學家。以「語言遊戲」概念為始，對語言哲學的發展極有貢獻，對維也納學派也有重大的影響。

維根斯坦
（1889～1961）

橘子，或是把紅色當成黃色，或是把五當成三，看到這張字條，就會交出「三顆黃色的橘子」了。換句話說，問題在於生活中這些詞彙如何被使用。這便是維根斯坦要表達的意思。

因此我們可以說語言遊戲是「生活形式」。這一點從他的這段話也可以看出來：「我會使用『語言遊戲』一詞，是為了突顯說話是一種活動、是生活形式的一部分。」

這表示，**對我們而言，唯一確實的就只有語言活動**。這種情況，私人的語言不能算是語言。因為私人的語言「指的是只有說的人知道，也就是直接的、私人的感覺」，這無異於沒有人能理解的聲音。**如果無法與他人溝通，語言就不具有意義了**。

維根斯坦──語言與世界是什麼關係？

圖像理論

語言與世界是什麼關係？我們確實運用語言在生活。世界充滿了語言。對於這一點，維根斯坦提出圖像理論，主張超越不假思索地運用語言的消極關係，建立起更積極的關係。

圖像理論一言以蔽之，指的是**語言與世界的對應關係，也就是構造上的同一性**。這是維根斯坦在《邏輯哲學論》中闡明的概念。他根據圖像理論，意圖從語言的可能性來闡明世界的樣貌。

原本語言被認為是一連串名詞的基本命題，與其真值函數所構成。換句話說，**名詞只有在擁有對象時才有意義。而基本命題中名詞之間的關係，與名詞表示的對象之間的關係相對應時，基本命題就是正確的**。

比方說，拿「小川仁志」和「山口縣」這兩個名詞，與「小川仁志住在山口縣」這個基本命題來看看吧。可以看出，小川仁志與山口縣這兩個詞的關係性，與它們所指的對象，小川仁志及山口縣的關係相對應。因此「小川仁志住在山口縣」這個基本命題是正確的。

圖像理論

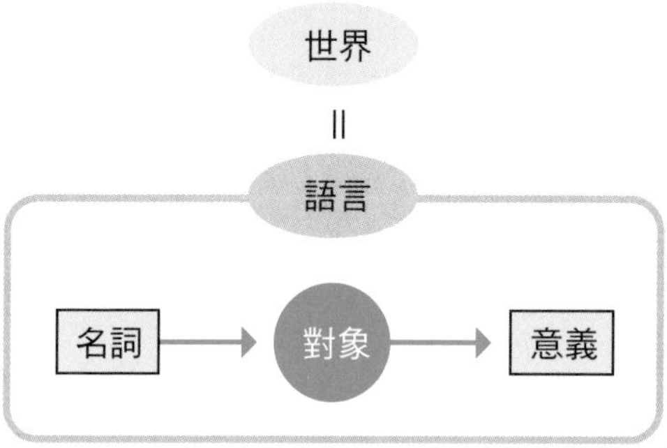

主要著作

《邏輯哲學論》：認為語言能說明的就是世界的一切，界定哲學能討論的範圍。嘗試在這個範圍內對世界進行完整的說明。

維根斯坦
（1889 ~ 1961）

將這個道理更進一步發展，便是**全世界所有的事物都能透過語言來說明**。這意味著世界能透過語言來述說。反過來說，異於自然科學的世界，**善、意志這些沒有對象的命題，是無法談論的**。對於這一點，維根斯坦說，對於無法談論的事，我們必須沉默。這等於是說，**語言的界限，就是世界的界限**。

維根斯坦會寫下《邏輯哲學論》的動機，是要解決哲學上基於語言邏輯方面的誤解而設定的各種課題。所以維根斯坦主張哲學的工作不是說教，而是闡明。這完全是**將哲學定位為實證的工具**。

在這樣的觀點下，維根斯坦的圖像理論後來催生出維也納學派的**邏輯實證主義**。

索緒爾——語言和言語

語言是怎麼形成的？

語言是怎麼形成的？本節要探索的是語言的構造。做為參考的，是語言學家索緒爾的思想。

索緒爾的思想，可以透過《普通語言學教程》得知。不過這本書並非索緒爾本人所著，而是在他死後，他的弟子根據講義及學生的筆記整理而成的。最近的研究指出，裡面也包括了他弟子的文章，但這並無損於這本書的意義。

首先從索緒爾的思想體系開始看起。索緒爾將所有的語言活動及語言能力，統稱為「語言活動」（language）。這語言活動又大分為「語言」（langue）、「言語」（parole）這兩個面向。

語言（langue）是社會所認同的符碼，**就像每個國家的母語**。不過語言會反覆生成與消滅，因此並沒有明確的輪廓。

相對於此，**言語（parole）是基於語言，個人所發出的訊息**。不過言語也並非單純地在實行語言而已，也具有反過來影響語言、逐漸改變語言的要素，這一點必須注意。**日常語言的用法，有時甚至會改變原本的語言**

語言和言語

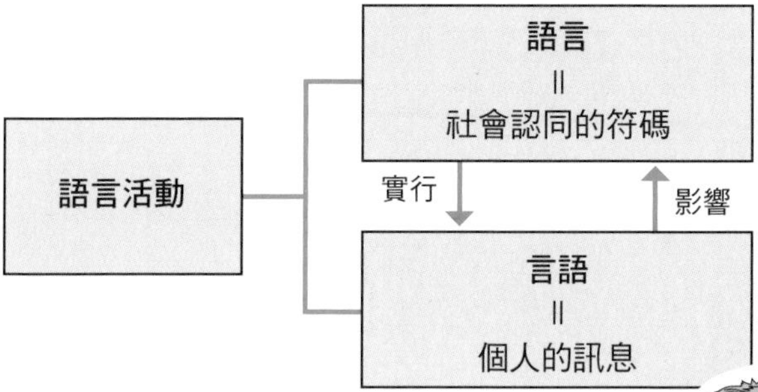

生平與思想

瑞士語言學家。創立分析語言成立結構的結構主義語言學，對後世的結構主義有重大的影響。

索緒爾
（1857～1913）

規則。

事實上索緒爾就這麼說：「語言誕生的契約要成立，必須要有數千名個人的言語，語言並非第一次現象。」

索緒爾把語言能擁有的意義範圍稱為「價值」。在這個價值體系中，各種價值彼此依存，語言僅能以和其他語言之間的「差異」形態來存在。

也就是說，**體系中的語言並非本身單獨具有意義而存在，而是隨時與其他語言衝撞，僅能存在於和彼此的關係之中**。以這個意義來說，語言被視為「消極的（negative）」。

換言之，在索緒爾的體系中，**比起個體，整體更具優先性，在這整體之中，各個要素相互決定彼此的價值**。因此並非是由個體的總和來構成整體的。

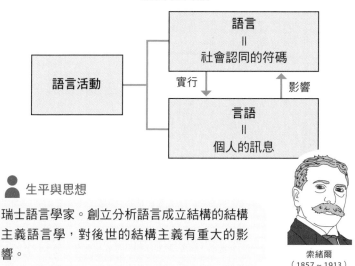

索緒爾——符號

語言的音與內容如何連結在一起？

語言具有音和內容這兩個要素。所以我們光是聽到日語的「ame」，不會知道指的是「雨」還是「糖」。語言與音究竟是什麼關係呢？思考這個問題時，一樣可以參考索緒爾的思想。

索緒爾將語言視為一個「符號（signe）」，區分為「能指（signifiant）」與「所指（signifié）」。亦即，能指是語言音的一面，**所指是音的內容**。比方說，對於日語「kumo」這個能指的音，其內容相對應的所指是「雲」或「蜘蛛」。

語言像這樣被能指界定出音的領域，並透過所指來界定出內容。因此索緒爾說，唯有透過語言符號，才能闡明事物的觀念。確實，**新的現象，唯有用語言來形容、命名，才能界定其意義**。

語言說起來是從音與內容無數的組合選項之中，挑選出完全契合者而誕生的。換個說法，語言僅是依靠與其他組合的差異而成立。一點點的差異，便是天差地遠。就像「pants」（褲子）和「punch」（毆打），因此能指與所指的連結十分重要。

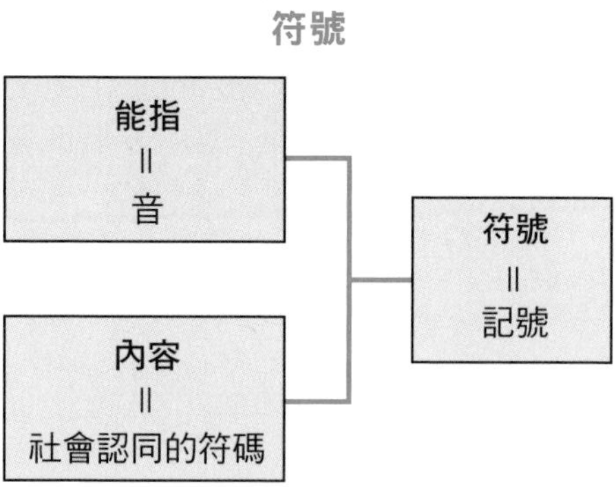

主要著作

索緒爾本人沒有留下著作，但他的弟子整理他在日內瓦大學的授課內容，出版了《普通語言學教程》一書。

索緒爾
（1857～1913）

索緒爾將能指與所指難分難捨的關係，比喻為水中的氫元素和氧元素，並且這麼說：「如果將語言之水分離成氫元素與氧元素，就再也不屬於語言學的範疇了。因為語言的實體已經不存在了。」

不過，即使某個能指與特定的所指連結在一起，兩者的連結也沒有任何自然的、邏輯的關連性。就像日本人把車子稱為「kuruma」，但英語圈的人則稱為「car」。也就是說，其中的連結是恣意的。

索緒爾也說語言符號是恣意的。至於它的基準，不是依循自然法則，而是完全**由該語言的社會恣意決定的罷了**。

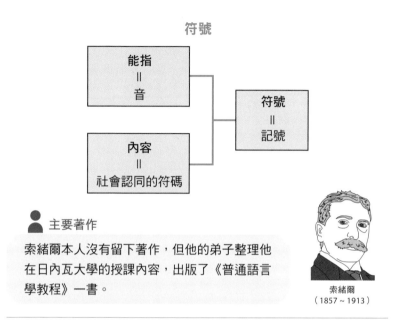

李維史陀——結構主義

為何有必要放眼整體？

俗話常說「見樹不見林」，這是在提醒世人放眼整體的重要性，但這又是為什麼呢？有個概念可以完美地回答這個問題，那就是李維史陀的結構主義。

這裡所說的結構，是指要素之間的關係所形成的整體，簡單地說，**結構主義就是放眼事物的整體結構，探究本質的思想**。

結構主義是在一九六〇年代，由文化人類學家李維史陀所推廣。李維史陀的基本發想，是**不要在現象的一部分尋找原因，而是將整體視為一個結構去分析**。

放眼結構而發現事實的例證，最有名的便是「交表婚」。「交表婚」可以在被視為「未開化」的部族之中見到，是男性與母系的女性表親結婚的風俗。

這樣的風俗感覺上似乎只會發生在未開化的社會，然而李維史陀放眼這個系統的整體結構，發現了一件事實。也就是對男系家族的男孩而言，母系舅舅的女兒屬於其他的家族集團。也就是說，只要定下制度，讓相當於這種關係的男女結婚，不同的家族集團之間就能不斷地交換成員，可預防部族的孤

結構主義

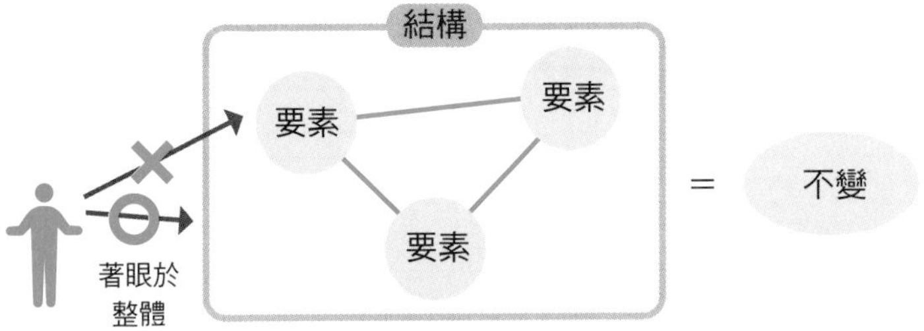

生平與思想

法國文化人類學家。透過田野調查，提倡結構主義，試圖顛覆西方近代的優勢。

李維史陀
（1908 ~ 2009）

立，維持存續。

這裡的重點是，如果只著重於一部分的要素變化，就會錯失了恆久不變的整體結構。放眼整體，認識到整體的框架本身不變，才能捕捉到結構。

如此這般，**放眼整體結構一看，就能發現只看一部分現象時，彷彿未開化社會的落後風俗，然而它其實是一套先進的系統。**我們只看到事物的一部分而誤解了。所以更必須放眼整體。

事實上，李維史陀站在結構主義的立場，不斷地批評過去偏頗的歐美中心主義。以這個意義來說，結構主義可以說是正確的觀點，也是正確的思考方法論。此外，結構主義也因為這樣的方法，不僅在哲學領域被廣為接受，也影響了其他的研究領域。

結構主義

李維史陀——野性的思維

文明總是比較優秀的嗎？

文明總是比較優秀的嗎？都市是文明的象徵，但對於意外的自然災害，都市也有它脆弱的一面。在思考這個問題時，李維史陀的野性的思維可以做為參考。

首先，李維史陀著眼於「原始人」的思考方法。他說，**原始人的思維並非粗野、單純，只是發想不同而已**。比方說，對於動植物的分類，我們會以構造、性質等內容的不同為基準，但原始人則是進行圖騰分類，比較外觀的不同。

此外，李維史陀還說原始人的知識欲比較平衡。因此相對於文明社會總是追求劇烈的變化、是一個「熱社會」，原始社會則是幾乎沒有變化的「冷社會」。反過來說，在冷社會裡，即使不去追求新的變化，也完全能夠長久維持下去。

而關於維持冷社會的祕訣，李維史陀使用「修補術」這個概念來說明。修補術是**在需要的情況時，利用現有的碎片為材料，發揮創意來組成作品**。一般也譯為「拼貼」。

相對於此，**近代科學的思考，是技師根據一開始就決定好的整體計畫，利用單義**

野性的思維

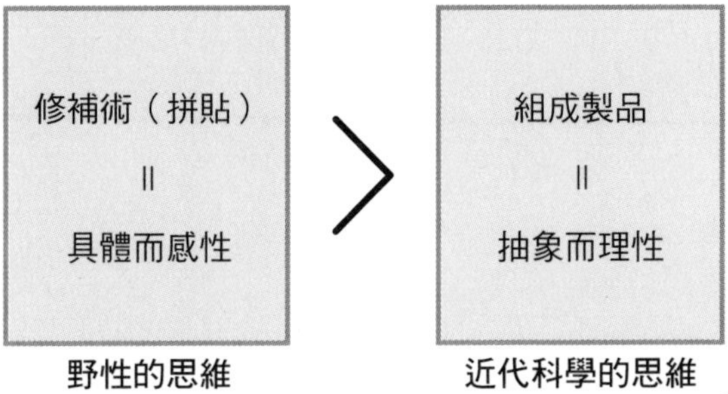

主要著作

《野性的思維》：從社會結構闡明「原始人」的思考合理性，揭露西方文明的偏見，使結構主義大受矚目。

李維史陀
（1908～2009）

的、功能已經被定義好的零件來組成成品。但只要想想我們閒暇做木工的情況就可以了解，有時利用現有的材料設法遷就組合使用，即更方便、更實用。

　換言之，李維史陀指出過去被視為未開化社會的幼稚發想、被逐出文明之外的**野性的思維，其實與近代科學一樣，是合理的科學**，這項指摘十分符合時代潮流。而且他鑑於近代科學是特定時代與文化所固有的，甚至主張野性的思維才是更具普遍性的。

　不過李維史陀並不是說因為野性思維更具普遍性，所以必須以它取代近代科學。就像前文指出的，相對於具體而感性的野性思維，近代科學的特性是抽象與理性。兩者擁有截然不同的特性。因此**感性的思考與理性的思考，並非彼此互斥，而是要統合。**

後結構主義

福柯——知識型

學問是如何進化的？

我們的學問，會隨著時代而改變，因此不能永遠教同一套，必須與時俱進，進行新的教育才行。那麼，學問究竟是如何進化的？**福柯**的**知識型**概念可以回答這個問題。

知識型（épistémè）原本是希臘語，意指「學問方面的認識」，也就是知識。比方說，柏拉圖就稱理性導出來的知識為知識型，與純為主觀的意見（doxa）做為對比。

相對於此，福柯在《詞與物》中，將「知識型」當成表現獨特知識形態的用語。亦即**不是個別的知識，而是每個時代各種學問所共通的知識基礎**。至於為何需要這樣的知識基礎，因為**知識必須要以一定的共通觀點去看，才能做為一個完整之物去統一掌握**。換言之，知識要成立，需要某種框架才行。因此時代不同，即使是相同的學問，也會呈現不同的樣貌。

確實，即使學者研究同一個對象，時代不同，觀點也會不同。之所以如此，是因為知識是在世界框架的影響下形成的。

福柯將知識型區分為四個時期：十六世紀文藝復興的知識型、十七、八世紀的古典

知識型

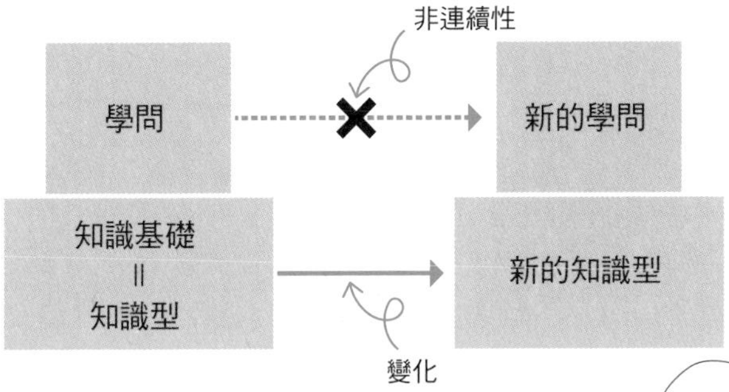

生平與思想

法國現代思想家。透過對監獄的分析，提出其一貫的權力批判。為批判式地繼承結構主義的後結構主義學者之一。

福柯
（1926～1984）

主義的知識型、十九世紀的近代人文主義的知識型、往後應該會出現的知識型這四者。從二十一世紀的現代來看，也許第四種知識型，指的是強烈受到網路影響的知識。

我們常常**將這些知識和學問視為普遍而連續的，但其實它們是受到時代的制約，只是我們渾然不覺**。換句話說，一旦做為知識基礎的知識型改變，就會隨之建立起受到新的知識型規定的新學問。自覺到這個事實後，對學問的探究應該也會有所助益。

後結構主義

福柯——全景監獄

我們為何會守規矩？

我們為何會守規矩？當然，受到暴力強制時，守規矩是理所當然的，但不可思議的是，即使無人監視，我們也頗為安分守己。不管是在學校還是職場都一樣。福柯的全景監獄概念，可以回答這個問題。

全景監獄是一種監視的方式，是效益主義思想家邊沁所發明的監獄設計，也譯為「環形監獄」等。

這是怎樣的機構呢？中央有監視塔，周圍以圓環狀安排了單人牢房。這裡有一項巧思，就是從監視塔可以看見牢房，但是從牢房望過來卻什麼都看不見。換句話說，監視塔的看守可以看見每一個囚犯的一舉一動，牢房的囚犯卻看不見看守在做什麼。

在這裡，**監視者與被監視者之間的視線是不平等的。這不平等便象徵了權力**。是一方完全順從於另一方的構圖。在全景監獄，這意味著**囚犯隨時意識到受監視的可能性，變成自動順從的「從屬主體」**。

就這樣，權力**透過囚犯自己內化了**。換言之，權力被「去個人化」，變成匿名的，更巧妙、更細緻地發揮效果。福柯想說的

全景監獄

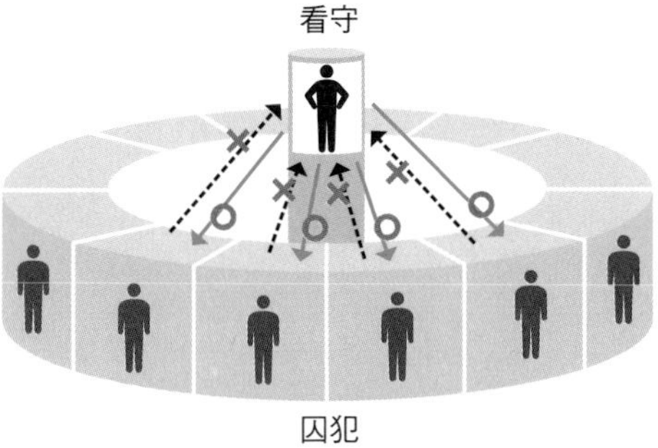

主要著作

《詞與物》：主要著作，解說每一個時代的知識型結構與變遷。《規訓與懲罰》：揭露權力結構如何剝奪人的主體性。

福柯
（1926～1984）

是，透過全景監獄看到的規訓權力的作用，不僅限於監獄這個制度，甚至深入了近代社會的每一個角落。

福柯說，全景監獄的原理，**擴散到學校、工廠、職場、醫院、軍隊等我們社會中的各種制度，發揮與監獄相同的效果**。在形成、維持社會秩序上，扮演著無法忽視的角色。就像這樣，規訓不光是個人的「身體」，同時也貫徹到社會整體這個「身體」，打造出一個「規訓社會」。

結果福柯揭露的不光是一個新的刑罰方式，更是權力管理的對象從身體轉移到精神的事實。換言之，他揭穿了一個完全異於過去、全新的權力科技的出現。

後結構主義

德希達——解構

遇到瓶頸時，該如何突破？

人與社會都一定會碰到瓶頸，這種時候該怎麼辦才好？德希達的解構概念對這個問題提出了明確的解答。

解構是德希達的用語，意味著從頭重新來過。在近代，一直以來崇尚的都是原本就被視為正確的價值觀。德希達認為，這是因為我們在根本上有著將符合邏輯與易懂的事物視為最優先、視聲音比文字更優先、認為肉眼看到的事物就是正確的、認為男性比女性優越、視歐洲比其他地區更優秀的態度。

但是這些**既有的價值觀既不正確，甚至有可能是暴力的**。之所以這麼說，是因為**認為只有邏輯事物才正確的想法，一直以來排除了其他的差異**。此外，尊崇男性事物的態度也貶仰了女性，而歐洲中心主義則造成了殖民地支配與戰爭。

因此德希達意圖拆解這些西方近代哲學體系中特有的態度。這就是解構的概念。德希達是從海德格的「解體（destruction）」一詞獲得靈感，自創了「déconstruction」（解構）一詞。它意味著拆解結構物，並重新建構。這裡的重點在於**並非只有拆解而**

解構

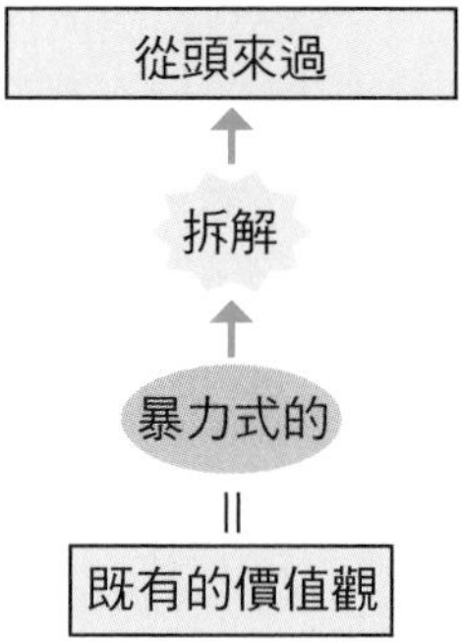

生平與思想

法國現代思想家。後結構主義的代表。藉由解構概念，反思西方哲學傳統。為國際哲學學院第一任院長。

德希達
（1930～2004）

己，**還要重新建構**。

拆解結構物及建構，聽起來很像建築用語，而實際上這些用詞也頻繁地被應用在建築領域上，被稱為解構主義建築。它的特色是形態或概念顛覆過去的建築常識，大多是彷彿錯位、遭到破壞的建築物。因為解構就是拆解既有的事物樣貌，從頭建構起新的形態。

人生和社會也是，**如果遇到死胡同，大破大立就行了**。確實，這需要莫大的勇氣，但如果唯有這麼做才能順利前進，還是值得一試。

現狀的生活方式與事物的樣貌，都只是一種選擇。既然只是一種選擇，表示還有許多其他的選項，不是嗎？德希達就是指引了這樣的出路。

德希達——延異

世上有唯一絕對的價值嗎？

我們往往會不由自主地認為世上有唯一絕對的價值。也許是因為我們過度習慣交出唯一的答案了。學校的作業總是準備好一個正確的答案，強制我們找出，就彷彿除此之外，沒有其他答案。但真的是這樣的嗎？這個世上有唯一絕對的價值嗎？要回答這個問題，德希達的延異概念可以做為參考。

延異（différance）是德希達自創的詞，是著眼於法語動詞différer同時具有「差異」與「延遲」這兩種意義，將之名詞化而成。發音也和意味著「差異」的différence相同。

德希達說，一切的事物，都是藉由與其他事物的差異而成立，這意味著差異在時間上總是先於事物的存在。這顯示出延異的本質。

延異一言以蔽之，就是產生出「不同」的原動力。仔細想想，**這個世上存在的事物，全都是因為與其他事物不同，才擁有意義。這麼一來，形成這種不同的運動，便是事物的根源。**

其實，延異具有否定近代以前受西方哲學支配的唯一絕對價值的意圖。西方哲學橫亙著一種價值觀，認為比起他我（他者的

延異

延異

||

仰賴與異於自己的存在之間的差異而存在

↑

自己的存在

主要著作

《論文字學》：批判盧梭認為語言的起源是聲音的論點，以延異提示書寫的多義性。

德希達
（1930 ~ 2004）

我），自我更要正確，比起假，真才是正確的。

但是看看自我與他我也可以了解到，要確認自我的存在，就必須以過去的自己，而非現在的自己為基準，才有可能辦到。也就是我們透過與過去的自己相比較，才能判斷現在的自己是什麼模樣。這裡必須注意的是，過去的自己，對現在的自己來說就是他者。因此這等於是自我仰賴他我而存在。

自我看似處於優勢，但其實自我是因為有了他我才能存在。真假、善惡等等也是如此。因為有假，才能定義真；因為有惡，才能定義善。像這樣理解，就無法以過去被認為正確的價值觀統一一切了。因此，**這個世上並沒有唯一絕對的價值**。可以說，**由於延異的概念，西方哲學的大前提完全崩解了**。

後結構主義

德勒茲——機器

什麼是機器？

聽到機器，大部分的人都會聯想到汽車或機器人這類裝置，但機器還具有更深刻的涵義。德勒茲的機器概念告訴了我們這一點。

一般機器可以定義為透過動力，為了特定的目的而活動的機關。這種意義的機器在哲學中的探討，叫做機械論。**機械論是將自然現象視為具有和機器相同的構造的事物去理解**，知名的有笛卡兒的機械論。在近代初期，笛卡兒對解剖發生興趣，認為甚至就連人類的身體，也和機器無異。

不同於笛卡兒，在現代思想中，德勒茲與法國精神科醫師瓜塔利（1930~1992）以獨特的方式使用了機器這個詞，比方說「欲望機器」、「戰爭機器」。也就是說，這種情況的機器，指的是**依人的意志去實現人的行為的工具**。不過它的特徵在於，和人相比，更把重點放在工具的意義上。也就是機器成了運動體，任意實現人的意志。

以欲望機器為例，並非先有欲望，然後才有實現它的機器登場。相反地，**欲望透過機器才能實現**。因此是人不斷地被掌握了主

機器

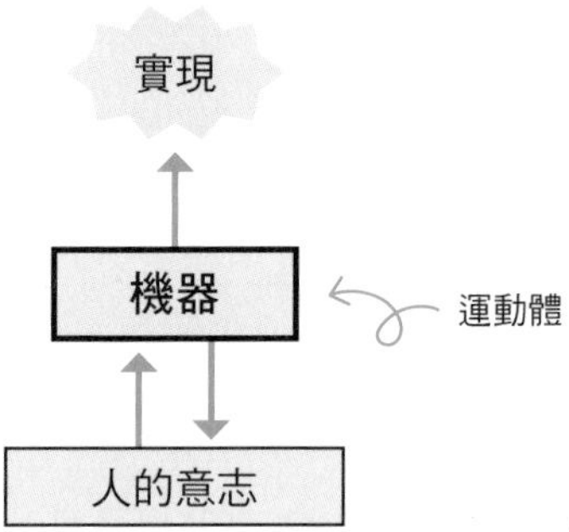

生平與思想

法國現代思想家。被歸類為後結構主義。與精神分析家瓜塔利留下許多合著的書籍。

德勒茲
（1925 ~ 1995）

導權的機器改變了。

所以這裡所說的機器，指的完全是一種生命的機制，沒有一絲由零件組成的一般機器的樣貌。因為它會自行不斷地變化。換句話說，**所謂的欲望機器，就是生出自我的自我產生機制**。

怎麼樣？聽起來像不像是人被自己製造出來的機器給吞噬了？德勒茲應該也是想要指出具有那種神祕力量的存在，而非個別的機器問題。實際上**活在世上，我們受到超越人類意志的各種力量所驅動。這樣的發想，與近代以前認為人的意志是萬能的思想南轅北轍**。德勒茲的思想之所以被視為現代思想的最先端，也是這個緣故。

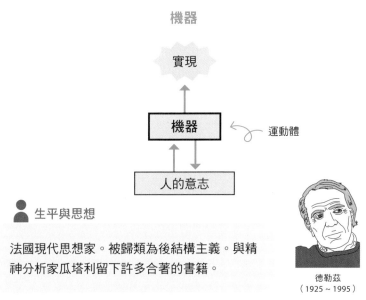

德勒茲——根莖

什麼是柔軟思考?

我們被訓練得習慣於邏輯思考，因此會忍不住就像走在單行道上一樣，僵硬地去思考事物。雖然這也很重要，但是難道就沒有更不同的思考方法嗎?比方說，常有人說「要柔軟思考」，但什麼才叫做柔軟思考呢?這時可以參考德勒茲與瓜塔利所提倡的根莖概念。

其實根莖概念可與樹狀概念放在一起作為對比來使用。樹狀顧名思義，指的是樹的形狀，不過這裡指的是樹狀圖的發想。相對地，根莖指的是地下莖的一種，塊莖的意思，指的是沒有中心的網狀事物。

這是兩種典型的人的思考方式。**樹狀是過去支配西方社會的思考方法**。從樹幹分枝出去的樹狀圖，也可以說是一種思考方法，最典型的就是常見的生物分類圖。

樹狀圖具體的思考方法，是立下札實的基本原則，徹底以它為基準，思考各種形態與例外。這是傳統的思考方法，為一般人所熟悉。進行分類的時候，多半都會採用這種樹狀的思考方法。

而根莖思考方式，別說中心了，甚至可

根莖

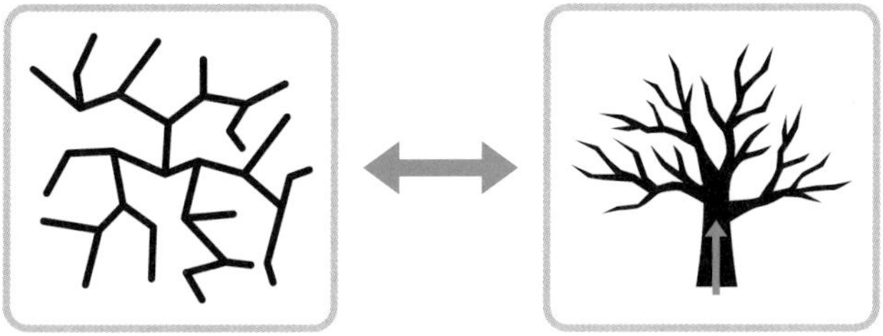

德勒茲
（1925～1995）

主要著作

《反伊底帕斯》：將欲望視為機器。《千高台》：提倡根莖模型。兩本都是與瓜塔利共著。

說是一種既無起點、也無終點的網狀思考方式。它的特徵是**構成整體的各部分是自由的，可以跨越式地相互連接**，由此生出雜交的狀態。

此外，根莖也具有每當新的部分連接或切斷，性質就會改變的多樣態。也就是**會隨著連接而不斷地變化**。這意味著連接新的事物，便會改變整體的性質。具體來說，就像是大腦的突觸，還有社群網站互聯的模式。

反省樹狀這種從中心延伸而出的思考方式，採用柔軟地朝多方向擴張的根莖發想，可以說完全是現代思想的思考模式特徵。唯有這種根莖思考，才能打破理性思考的僵固，實現柔軟的思考。

後現代以後的哲學是什麼？

第五章介紹了所謂現代思想的哲學家。下一章要介紹的，主要也是隸屬於政治哲學領域、在時代上被畫分為現代思想的學者。不過現代思想究竟意味著什麼呢？

單純地來看，是指近代以後的思想吧。近代是modern，所以近代以後就叫做 postmodern ——後現代。所以現代思想，也算是廣義的後現代主義思想。

從內容來看，相對於近代是以「我」的意識和理性為中心的思想，現代則愈來愈多批判性的內容，也就是提出以下的質疑：將「我」的意識視為中心真的正確嗎？理性真的是萬能的嗎？

不過這麼一來，後現代主義所設想的世界，就會變成一個缺少中心，而且是理性無法企及的一團混沌了。後現代主義學者認為這樣就行了、這樣才是對的，但真的這樣就好了嗎？

往後——不，已經逐漸開展的後現代主義之後的哲學，將會設法解決這些問題吧。後現代主義之後的哲學，要面對的課題是如何再一次重整一團混沌的世界形象。

說巧不巧，全球化使得世界正逐漸合而為一。也許人們正在追求的，是適合這融為一體的世界的新哲學。

Chapter

6

打造正義的社會

政治哲學與公共哲學

政治哲學

邊沁——效益主義

對社會而言的幸福是什麼？

對社會而言的幸福是什麼？要思考這個問題，邊沁的效益主義可以做為參考。

邊沁主張，為了打造幸福的社會，需要「功利性的原理」。他如此闡述這個原理：「一直以來，自然將人類置於痛苦與快樂這兩名主權者之下。指揮我們非做什麼不可、決定我們可能會做什麼的，就僅有快樂與痛苦。」也就是要我們以快樂和痛苦做為行動的基準。這種情況，快樂就是善，痛苦就是惡。邊沁主張**只要計算快樂的量，讓快樂多於痛苦就行了**。

不過這時我們會發現一個問題：人的快樂與痛苦，不是只屬於個人的嗎？然而邊沁說，這個原理也能適用於社會。理由是社會的幸福，便是每一個人的幸福加總。

這時邊沁提出他最有名的口號「最大多數人的最大幸福」。為了追求社會利益的最大化，**比起顧全少數人的幸福，增加多數人的幸福更為理想**。此外，即使同樣是多數人的幸福，比起小幸福，最好能增加大幸福。

邊沁根據這樣的原理，提倡了許多制度改革。其中知名的便是「全景監獄」的監獄

效益主義

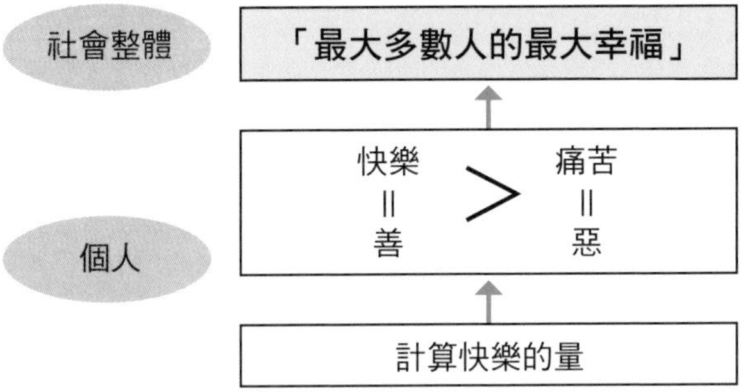

生平與思想

英國思想家。主張計算快樂的量，來做出正確的判斷。留下「最大多數人的最大幸福」這句名言，為效益主義的始祖。

邊沁
（1748～1832）

設計（參考一七九頁）。這是中央設有監視塔的圓形監獄，由於從牢房看不見看守的監視塔內部，因此囚犯會隨時處在可能受到監視的壓力中，故可效率十足地從中央進行監視。邊沁提議可以藉此讓受刑人認真工作，謀取利益。受刑人也許會感到痛苦，但如果可以因此讓社會得到更多的利益，從社會整體來看，幸福確實是增加了。

邊沁也提出了管理貧民的制度，這是個十分耐人尋味的提議。他認為只要把遊民關進救濟院裡，城裡人的快樂度就能增加。對遊民來說也許是一種痛苦，但邊沁認為如果拿多數民眾的快樂與少數遊民的痛苦相衡量，應該優先重視多數人的快樂，是自明之理。

政治哲學

邊沁——輿論法庭

何謂輿論？

俗話說，人民的聲音就是上帝的聲音，真的是如此嗎？現代也經常進行民意調查，政府有時也會依據調查結果，來改變施政方針。以這個意義來說，也許人民的聲音確實被視為上帝的聲音。擁有如此強大力量的輿論究竟是什麼？思考這個問題時，邊沁的輿論法庭概念可以做為參考。

邊沁是站在效益主義的立場，思考最有效率的政治制度。怎麼樣才能實現最大多數人的最大幸福呢？其中一個結論，便是沒有多餘的統治。如果有太多的多餘統治，就無法有效率地治理國家。其中公職人員的貪腐，可說是造成浪費的最大原因。

邊沁站在這樣的觀點，也意圖**對立法機關的全能性做出限制**，目的是為了防止貪腐。比如說，每年改選公職人員就是一種手段。而邊沁對「輿論法庭」這個概念寄予最大的期待。

所謂輿論法庭，並不是指制度化的機關，而是意味著現實社會中人民自由表達的意見、輿論本身。不過這些輿論宛如制度般發揮功能，也是事實。厲害的支配者會指

輿論法庭

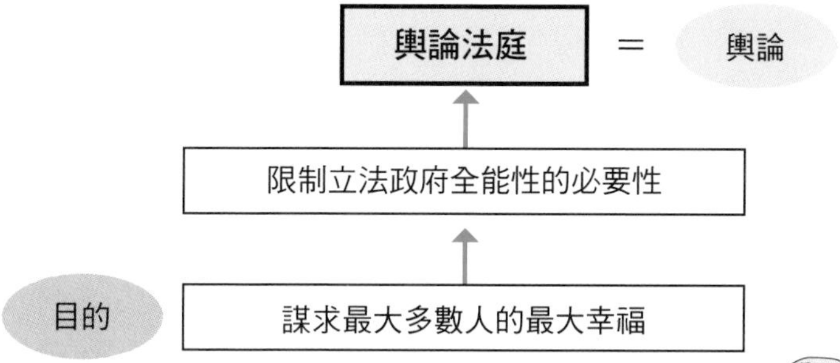

主要著作

《道德與立法原理導論》：邊沁的主要著作，闡述依循功利原理，有效提升社會整體幸福的統治方法。

邊沁
（1748～1832）

導輿論，聰明的支配者則會順從輿論。相反地，愚昧的支配者則會無視於輿論。如此一來，必然會受到民眾的社會制裁。

邊沁強調公家機關的會議紀錄及其公開性的重要，但前提仍是輿論法庭能確實發揮功能。這是為了讓民眾能依據公開的資訊做出判斷。因此，**所謂輿論，便是使國家能正確經營的非制度化政治機制**。

邊沁所認定的輿論法庭成員範圍耐人尋味。不只是具備選舉權的人，還包括了不具選舉權的未成年者和女性。更令人驚訝的是，邊沁提出即使是外國人，只要具有利害關係，也能成為輿論法庭的成員之一。這**比現代社會的輿論概念還要廣泛**，以某種意義來說，也許比現代更先進。

政治哲學

彌爾——質的效益主義

快樂都是一樣的嗎？

不管是吃大眾美食還是高級法國料理，都可以得到快樂。可是，我們能說這兩種快樂是一樣的嗎？快樂有不同的種類嗎？思考這個問題時，彌爾的質的效益主義可以做為參考。

邊沁創立效益主義，他的理論基礎是徹底以科學方式來設計社會，但也因此招來許多批評。他曾說：「詩所帶來的快樂，跟小孩子的彈珠遊戲一樣。」就像這句話象徵的，邊沁藉由將所有的快樂一視同仁，以確保所有人的平等。

不過反過來看，這也等於是剝奪了人的個性。因此邊沁的想法，被揶揄是高貴快樂與低下快樂不分的豬的學說。

彌爾批判性地繼承了邊沁的理論。彌爾贊同效益主義的主張，但異於邊沁，**比起肉體快樂的量的快樂，他更重視精神上的快樂，也就是質的快樂**。「即使承認一種快樂比另一種快樂更理想、更有價值這個事實，與效益的原理也毫不衝突。」彌爾這麼說。

根據這個想法，便可以照顧到人的個性，並發揮效益主義的好處。也就是效益主

質的效益主義

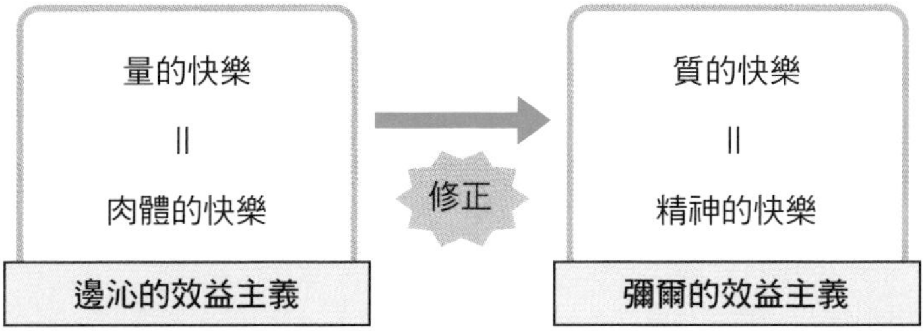

生平與思想

英國哲學家、經濟學家。主張效益主義應該重視幸福的質而非量。在自由論方面也十分有名。

J. S. 彌爾
（1806～1873）

義再也不是豬的學說了。證據就是，彌爾高唱：「與其當一隻滿足的豬，倒不如當一個不滿足的人；與其當一個滿足的傻子，倒不如當一個不滿足的蘇格拉底。」

彌爾尊重人的個性，強調動物與人之間的快樂差異，這可以說是受到他父親極嚴格的精英教育的影響。這樣的個人背景，讓彌爾在繼承邊沁的效益主義同時，也能夠批判性地去克服其中的問題。

不過，重視快樂的質，並考慮到人的個性，與效益主義科學式的思想真的不牴觸嗎？也有人指出**這會造成效益主義所排斥的道德觀不可避免地侵入的後果**。

政治哲學

何謂自由？

彌爾——傷害原則

何謂自由？這是從古至今，被談論最多的問題吧。它是最為普遍的大哉問之一，也因此在哲學史上，許多學者提出了形形色色的答案。其中身為古典自由主義之祖而聞名的彌爾所提出的傷害原則概念，揭示了在現代也具備說服力的答案。因此這裡要參考彌爾的論述。

彌爾主張，要實現社會整體的幸福，國家不可能全然不加干涉。但如果國家過度干涉，又會損害自由。因此彌爾**提出了國家做出正當干涉的一般性基準**，即傷害原則。

首先彌爾說，個人只要自己的行動與他人的利害沒有任何關係，就不必負起社會責任。接著，彌爾認為如果個人做出損害他人利益的行動，就必須負起社會責任，接受制裁。

簡單地說，**只要不給別人添麻煩，要做什麼都是個人的自由**。因此才叫做傷害原則，不過反過來說，也可以叫做自由原則。

彌爾接著提出，人應該要能自由地生活。也就是個人的自發性值得尊重，應該要讓人發揮個性與創造性。他將人比喻為一棵

傷害原則

傷害原則　＝　自由原則

只要不危害他人，要做什麼都是自由的

↑

提出做出正當干預的一般基準

↑

國家干預

主要著作

《效益主義論》：彌爾的主要著作，把焦點放在快樂的質而非量，試圖克服邊沁效益主義的缺點。

J. S. 彌爾
（1806～1873）

樹，認為人與機器不同，是會自己成長、發展的存在。

追根究柢，彌爾視為理想的社會，即是每個人都能高唱自由並發揮個性的社會、國家。因此他擔心意在摧毀個性的庸俗習慣及其所造成的專制，認為它會破壞自由的精神。

因為否定平凡，彌爾的思想有時被批評為精英主義，但彌爾絕對不是擁戴天才，他的目的完全是**讓人發揮個性與自由**。**大前提便是國家的干預必須減少到最小，這就是傷害原則**。

此外，為了讓國家中每個人民都能享受到自由，每一個成員都必須尊重彼此的自由。從這樣的觀點來看，**傷害原則或許也可以視為是共同體中共存的原則**。

馬克思——社會主義

怎麼樣才能打造出平等的社會？

怎麼樣才能打造出平等的社會？對於這個深奧的問題，馬克思是史上第一個提出邏輯解釋並寫下《資本論》這部鉅作的人。

首先，馬克思認為**商品的價值是由人所投入的勞動量所決定**。這叫做「勞動價值理論」。馬克思以這個理論為前提，論述資本主義的機制。

比方說在工廠，資本家提供生產的手段，而勞工利用這個手段來製造產品，並收取酬勞做為代價。這時，生產相同分量所需要的勞動力，會隨著設備投資等帶來的生產力提升而逐步減少。如此一來，勞工的數量便會減少，製作同量產品的時間也會縮短，因此勞工得到的酬勞便會減少了。

在這種情況下，**資本家將多餘的生產量，當成了自己的利益**。這多餘的生產量的利益叫做「剩餘價值」。以這個意義來說，**勞工形同是多做了白工**。也就是勞動力被「剝削」了。

因此，勞動行為從主體性的行為，變成了被強制的行為，愈來愈令人憎恨。這種狀態，叫做與勞動的「異化」。所謂異化，就

社會主義

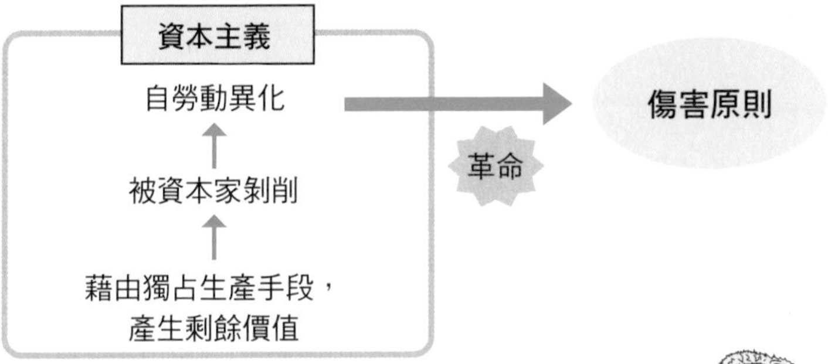

生平與思想

德國哲學家、經濟學家。與盟友恩格斯一同建立馬克思主義，以擺脫人性的異化為目標。

馬克思
（1818 ~ 1883）

是疏離。

勞工雖然收取工資，但生產的產品變成了資本家的所有物，因此首先勞工會從產品被疏離。接下來勞動行為本身也只是在資本家的命令下進行分工，因此甚至也從勞動行為中被疏離了。

此外，勞工還被迫與其他勞工競爭，藉由在競爭中脫穎而出，來贏取更高的工資。**這形同一個人的能力與他本身並不相關，而是以貨幣價值來決定，因此甚至從人性中被疏離了。**

要擺脫這種狀況，只能克服這樣的異化狀態，打造新的社會。因此馬克思主張**必須發起革命，首先由勞工共同擁有生產手段，**然後導入共同分享生產物的經濟系統。

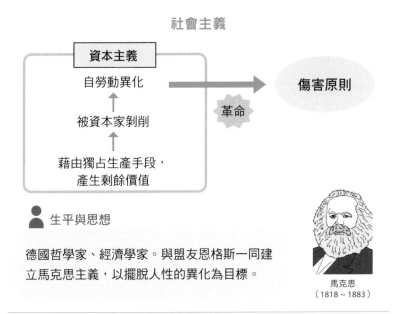

政治哲學

馬克思——歷史唯物主義

歷史是如何發展的？

歷史究竟是怎麼發展的？馬克思的歷史唯物主義回答了這個問題。這可以說是馬克思獨特的歷史觀。

馬克思在《政治經濟學批判》中認為，人的思想和法律、政治制度這些「上層建築」，是透過生產手段與生產活動這些「經濟基礎」所決定。換言之，**經濟活動是地基，由它來決定一切的社會制度內容**。這與過去的哲學家認為經濟模式是由思想和觀念來決定完全相反。

當生產力提升而不再適合生產關係時，這樣的矛盾便會成為原動力，推動歷史朝下一個階段邁進。具體地說，便是**從原始共產制度到奴隸制度、封建制度、資本主義、社會主義、共產主義**。

因此充滿矛盾的資本主義一定會被革命所推翻，轉變成適合新生產力的社會。換句話說，接下來將會到來的社會，是**配合能力勞動、配合勞動分配的**社會主義，而更下一個階段，則是**配合能力勞動，配合需要接受分配的**共產主義。這是馬克思的主張。

馬克思所描繪的理想，於二十世紀以舊

歷史唯物主義

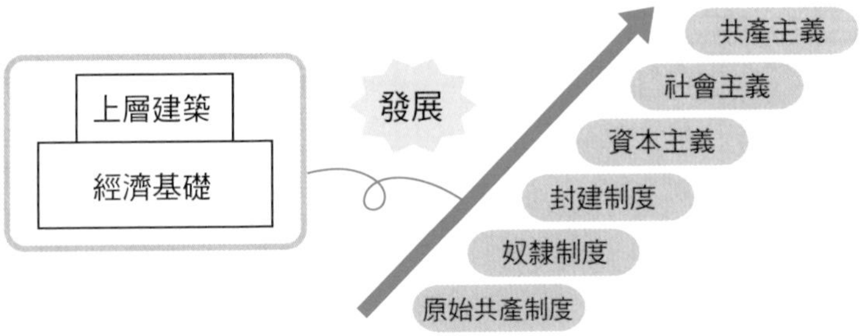

主要著作

《資本論》：馬克思的主要著作，分析資本主義經濟的剝削與矛盾的結構，預言將不可避免地轉移到社會主義、共產主義社會。

馬克思
（1818～1883）

蘇聯為中心展開，差點就在全世界實現。然而當時**建立起來的社會主義國家，卻陸續疲乏、腐敗，最後分崩離析了**。現在標榜社會主義的國家，只剩下北韓這種極端獨裁國家，要不然就是中國這樣存在著巨大階級差異、戴著社會主義假面具的資本主義國家。這應該是過度追求理想所造成的吧。也就是我們必須更去正視人類軟弱、骯髒的一面。

也許實際的歷史並未如同馬克思所說的發展，但看看現今貧富懸殊的社會，也令人覺得應該考慮採納社會主義和共產主義的智慧。因為被稱為金融資本主義和貪婪資本主義、貪得無厭的競爭社會，會輕易地讓人淪為社會的齒輪。馬克思的思想會超越時代廣受閱讀，應該就是因為我們本身雖然活在資本主義社會，卻總是在抵抗著其中的矛盾。

政治哲學

羅爾斯——自由主義

自由與平等能夠兩全嗎？

自由與平等被視為兩個對立的概念。那麼，這兩者究竟能否兩全呢？這時可以參考羅爾斯的自由主義概念。

自由主義原本是政治哲學的基本用語，指的是尊重個人自由的思想。不過，尊重自由的思想也有許多種類，從主張極端個人主義的自由意志主義，到提出福利國家的立場都有。

從歷史上來看，彌爾所主張的只要不傷害他人，自由便獲得保障的思想，被視為古典自由主義。從這裡也可以看出，自由主義意味著價值的中立性。

然而**到了現代社會，自由主義卻被視為積極促進個人自由的思想，而非單純的中立價值了**，它的背景是資本主義的發達。該如何將民眾從貧富差距中拯救出來，在思想面上也成了課題之一。

現代自由主義旗手約翰·羅爾斯的《正義論》，便是其中代表性的理論，可稱為福利國家型自由主義，或是平等主義式的自由主義。《正義論》是在一九七一年出版的，在一面偏重實用學問的風潮中，這本書被視

自由主義

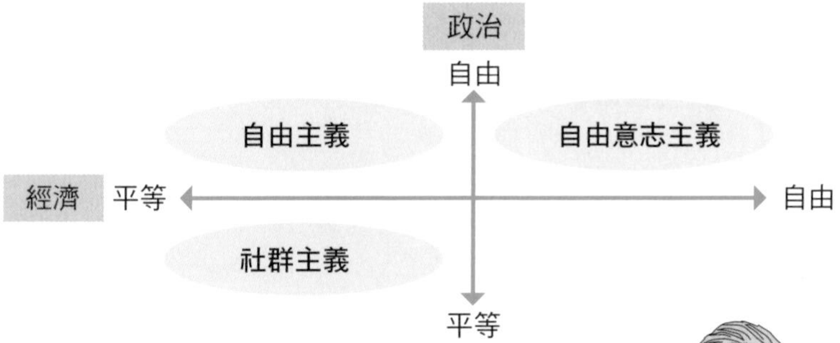

生平與思想

美國政治哲學家。現代自由主義的旗手。批判效益主義，構思出做為民主主義社會基本原理的倫理學。

羅爾斯
（1921～2002）

為政治哲學的復興之作，現在仍受到極高的評價。**《正義論》中探討的便是該怎麼做，才能讓這裡所說的正義做到公平分配。**

而羅爾斯的解答，即以自由為基礎，但透過平等來修正。也就是**保障政治上的自由，同時以經濟上的平等為目標。**

說羅爾斯透過這本書，立下現代政治哲學各種議論的機軸也不為過。他說自己基本的立場，是「正義之於善的優先性」。換句話說，**現代社會由於價值多元化，再也無法根據單一的善來構成正義了，**因此毋寧**要以程序的正義為優先。**

不過羅爾斯的立場也遭到社群主義者的批判，後者認為如果摒除針對善的議論，就無法確立何謂正義了。

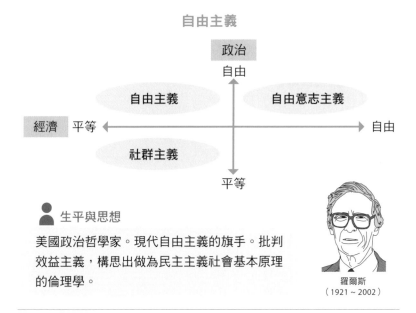

政治哲學

羅爾斯——無知之幕

怎麼樣才能做到公平分配？

人都是自私的。即使要公平分配，還是會忍不住想讓自己多分到一些，因此社會永遠無法擺脫不公平。究竟要怎麼樣才能做到公平分配呢？這時可以參考羅爾斯的無知之幕概念。

所謂無知之幕，就是一罩上去，所有資訊便完全被遮蔽的思考實驗。透過無知之幕，可以打造出每個人都同樣處於合理的相同狀況的情境。

這種狀態，叫做「原初狀態」。在原初狀態下得到的共識，便形同保證公正的初期狀態。**藉由罩上無知之幕而處於原初狀態的人，總算能視人如己，建立起判斷何謂真正的正義的基礎**。

那麼具體來說，要怎樣判斷真正的正義呢？

這時羅爾斯提出以「正義二原則」為基準。**第一原則是「平等自由原則」**，**第二原則是「公平機會平等原則」與「差異原則」**。

首先第一原則認為，各人應該平等地分配到自由。不過這裡所說的自由，僅限於言論自由、思想自由、身體自由這些基本自

無知之幕

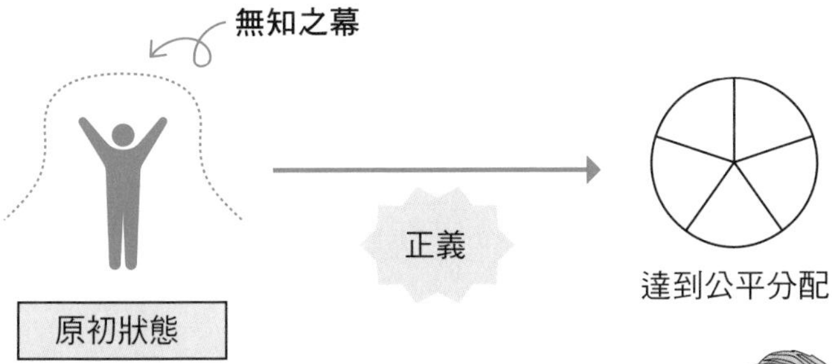

主要著作

《正義論》：再次將焦點放在社會契約論上，提出「正義二原則」，提倡基本自由、機會和經濟的平等。

羅爾斯
（1921～2002）

由。

接著，根據第二原則「公平機會平等原則」，對於社會、經濟上的不平等，唯有在得到某個地位或職業的機會受到均等保障的情況下才能受到容忍。即使如此仍然存在的不平等，則由第二原則中的「差異原則」來做調整。

差異原則要怎麼進行調整？羅爾斯認為，唯有在境遇最糟的人獲得最大利益的情況下，不平等才能被容許。也就是說，羅爾斯認為**擁有才能的人，只是偶然被賦予這樣的才能罷了，因此應該將自己的利益分配給境遇不佳的人**。公平的分配，唯有透過這樣的程序才可能達成。

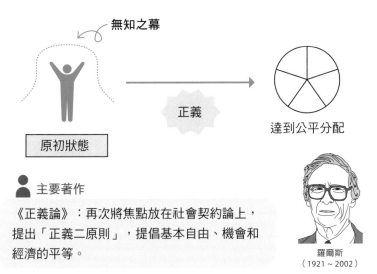

政治哲學

諾齊克——自由意志主義

追求極致的自由，會發生什麼事？

自由是重要的價值，但是如果極端地追求自由，會發生什麼事？諾齊克的自由意志主義回答了這個問題。

自由意志主義也譯為自由至上主義，是政治哲學術語。主張自由意志主義的人，叫做自由意志主義者。

一般來說，它指的是**最大限度地尊重個人自由與喜好的極端個人主義立場**，內容廣泛，立場也形形色色。從完全廢除國家的立場，到容忍國家一定程度干預的立場都有。

其中一九七〇年代，羅伯特・諾齊克提出的最小政府主義受到矚目，造成這種思想廣為傳播。所謂最小政府，就是雖然不到廢除政府，但主張**政府的角色應該僅止於國防、審判、維持治安這些最基本的功能**。

有個與自由意志主義相似、極端重視自由的思想，叫做新自由主義。有時新自由主義會被視為自由意志主義，但新自由主義在某些情況指的是固守保守價值觀的新保守主義，因此不能說兩者的內容總是相同的。

這裡也說明一下同樣重視個人自由的自由主義與自由意志主義有何不同。

自由意志主義

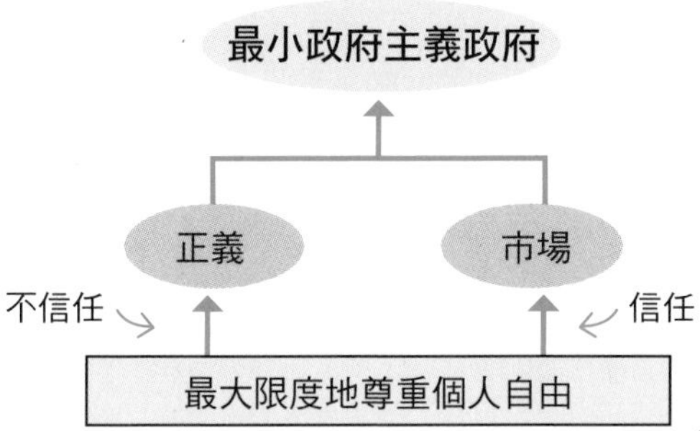

生平與思想

美國哲學家。自由意志主義的代表性論述者。認為最大限度尊重個人自由才是正義，提倡最小政府主義。

諾齊克
（1938 ~ 2002）

自由主義從羅爾斯的《正義論》以來，就被視為福利國家論。簡言之，自由主義積極認同國家透過財富的重新分配和法律規範來干預人民。

但自由意志主義卻否定這類形式的國家干預。福利政策需要許多稅金，而自由意志主義者認為徵稅是政府剽竊人民的財富。

自由意志主義者不信任政府。相對地，他們對市場寄予絕大的信賴。他們將市場視為以自發性交換為本質的道德制度。自由意志主義思想在崇尚個人主義的美國會大受歡迎，也是可以理解的。

結果，極端追求自由，就會投入自由意志主義，導致拋棄保險、年金等福利及各種行政服務，並形成沒有政府代勞、一切都得靠自己的社會。

諾齊克——最小政府

政府的功能與權限的正當範圍在哪裡？

其實，自由意志主義也有許多種，依能夠容許的政府規模而異。主張完全廢除政府的叫做**無政府資本主義**。主張保有治安、防衛、司法等最起碼的政府功能，甚至認同貨幣與公共財富的供給的，叫**古典自由主義**。

而**認為政府功能應該控制在最起碼的治安、防衛、司法等範圍的中間立場稱為「最小政府主義」**。諾齊克認為，功能僅限於保護人民免於受到暴力、偷竊、詐欺的威脅，與維護契約執行等等的最小政府才是正當的，而超出這範圍的政府，都侵犯了不願被強制進行特定行為的人民權利。

那麼，最小政府要如何得到正當性？諾齊克以無政府狀態為起點，預設了發展成政府狀態過程中的一切困難，透過克服這些困難，**來得到政府的道德正當性**。

這個過程具體來說，總共有**六個階段：自然狀態、相互保護協會、商業保護協會、支配保護協會、超最小政府、最小政府**。不過這裡說的自然狀態，其實也是從個人的權利受到道德自然法所保障的狀態開始。

自然狀態的下一個階段是相互保護協

最小政府

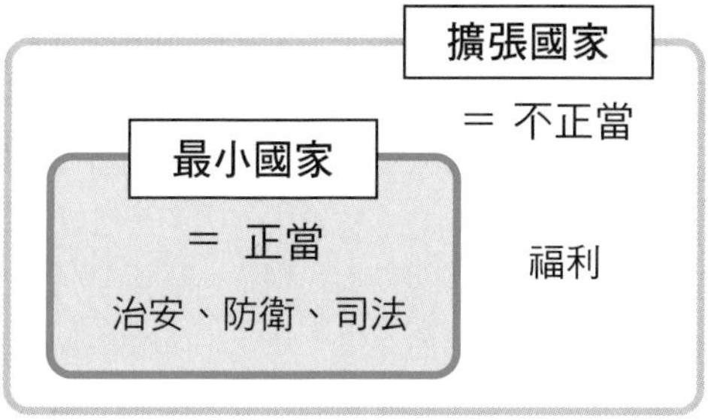

主要著作

《無政府、國家與烏托邦》：批判無政府主義與福利國家，論證處於中間的最小政府的道德正當性。

諾齊克
（1938～2002）

會。在必須靠個人自力救濟實現權利的狀態下，個人權利受到侵犯時，難以確實得到解決，而要依據什麼準則解決紛爭，見解也不一定，有時也缺乏必要的武力。因此人們會組成互助組織保障權利與救濟。

為了追求更進一步的落實與效率，人們會開始分工，並與為人實現權利的專門機構簽約，購買服務。就這樣，出現多個商業保護協會並存的狀態。

不過只要能透過私人武力達到自力救濟，還是會出現差錯。這時保護協會會對差錯執行懲罰。這實質上相當於一個強制性的保護協會獨占了武力執行權。到了最後階段，保護協會也藉由對無政府主義者提供與其他客戶相同的服務，**達成在一定領域內的治安、防衛、司法獨占，最小政府於焉誕生。**

政治哲學

桑德爾——社群主義

對社群而言，重要的是什麼？

對個人來說重要的事物，可說是不勝枚舉，比方說自由、愛情等等。那麼對社群來說，重要的事物又是什麼？這時可以參考社群主義這種思想。

社群主義也譯為共同體主義，是政治哲學術語，主張社群主義的人則稱為社群主義者。在一九八〇年代的美國，社群主義者批判過去興盛的自由主義，掀起了「自由主義、社群主義論爭」。引導這場議論的，是在美國活躍的哲學家阿拉斯代爾・麥金泰爾、加拿大哲學家查爾斯・泰勒、美國政治哲學家麥可・沃爾澤，以及同樣是美國的政治哲學家邁可・桑德爾。具體來說，社群主義者對自由主義的批判，可整理為以下兩點。

第一點，**自由主義所說的「自我」概念，意味著脫離歷史、傳統以及社群脈絡、一盤散沙的個人**。也就是以沒有負擔的自己為前提。另一點則是**自由主義以程序正義為優先，放棄了關於道德與良善的討論**。

反過來說，社群主義是以有定位的自我和社群之間的相互關係為基礎，來探討道德

社群主義

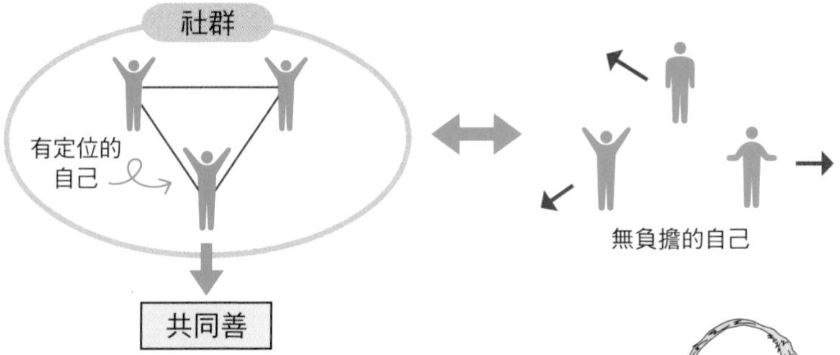

生平與思想

美國政治哲學家。站在社群主義的立場，提出探討道德的必要性。在日本因播出 NHK 節目《哈佛白熱 教室》而一躍聞名。

桑德爾
（1953～）

與良善。

不過，它的內容依每一位論述者而多少有所不同。比方說，桑德爾認為我們與所屬的社群關係密切，因此我們對社群有所依戀，並且重視社群成員一同建立的共同善。換言之，社群主義可以說是**把價值放在社群的共同善的立場**。

需要注意的是，社群主義雖然把價值放在社群的共同善，但絕對沒有因此犧牲個人的自由。在這個意義上，它與全體主義（即極權主義）是不同的。換言之，社群主義與自由主義絕非無法相容，只是更重視社群的共同善或個人自由的程度問題。事實上，應該支持哪一邊的二選一爭論，可以說已經落幕了。

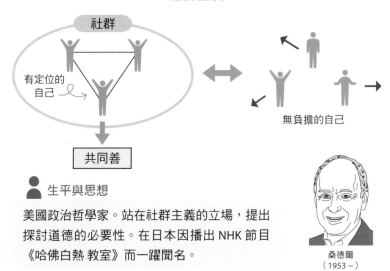

政治哲學

桑德爾——共和主義

什麼才是理想的統治?

我們居住在主權國家，因此應該是自己統治著自己，但是統治的方式也有好壞。這不單是以結果來論福利是否充足的問題，**更重要的是每一個個人能否參與統治**。在思考何謂理想的統治時，桑德爾的共和主義概念可以做為參考。

桑德爾站在社群主義的立場，意圖讓共和主義在現代復興。他說美國原本具有建國以來的共和主義傳統，卻在不知不覺間衰退了。取而代之興起的是自由主義。結果**福利雖然擴大了，但自治意義上的民主政治卻失靈了**。

不過另一方面，外界卻也批判傳統的共和主義有過分強制的問題，也就是為了實現全員共有的共同善，會強制人們遵循某些規範。

不過共和主義有兩個傳統，對於盧梭所提倡的法國式共和主義，確實是具有上述強制的傾向。因為盧梭的共和主義會排除中間集團，意圖達到主權的統一。

但共和主義還有另一個流派，那就是托克維爾所提出的美國式共和主義。那是一種

共和主義

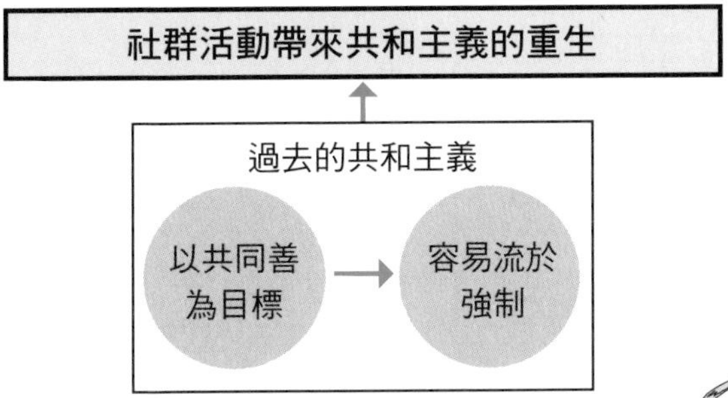

主要著作

《自由主義與正義的局限》：聚焦於自由主義所忽略的個人背景與社群，提倡共和主義。

桑德爾
（1953～）

多元的，而且民主主義式的共和主義，克服了強制性的缺失。這正是理想的統治方式。

桑德爾說，為了實現民主主義式的共和主義，必須重視社群的政治參與。他著眼於以社群為基礎的草根組織，因為自治與社群的活動，可以促進他所說的公共生活，復興公共哲學。桑德爾期待美國的民主黨能成為實現這個理想的領導者，但也指出民主黨過度執著於政治中立性，而忽略了真正的道德討論。

桑德爾更進一步認為這樣的共和主義，也有助於對抗全球化經濟。因為**個別的社群活化，能夠實現全球化經濟下的自治**。最近他積極地提出有關市場道德的言論，就是這個緣故。

漢娜・鄂蘭——極權主義的起源

獨裁者為什麼會出現？

世上應該沒有人喜歡獨裁者吧？然而不知為何就是會有獨裁者出現，而且還是在人民熱烈擁戴下登場。當然，獨裁者最後都會受到唾棄，但卻總是為時已晚。為何會有獨裁者出現？這時可以參考鄂蘭在《極權主義的起源》中對極權主義的分析。

鄂蘭將**納粹**、**史達林主義這兩種歷史現象稱為極權主義**，視之為過去不曾存在的一種新的國家形式，並揭露它們的本質。

關鍵在於隨著第一次世界大戰結束，**階級社會瓦解**，**大眾社會到來**。所謂**大眾社會，即是對社會漠不關心的個人的集合體**。相對於此，階級社會由於存在著意見的對立，因而維持著民主主義。

在大眾社會中，個人如同一盤散沙，互不相關，因此處在一種孤獨之中。這時共同的幻想趁虛而入，人們便像依附上去似地被吸引了。

不過，共同的幻想並沒有實質內涵，因此極權者利用祕密警察、用恐懼來束縛民眾，不讓他們清醒過來。極權者透過這種手段，使得社會總是處在不安之中，好讓民眾

極權主義

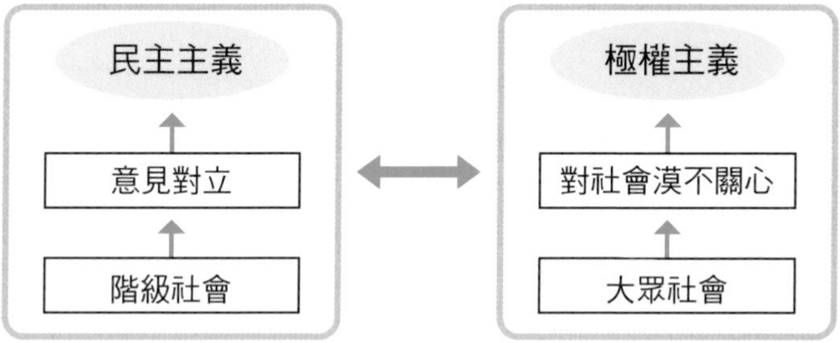

生平與思想

生於德國的女性現代思想家。受納粹迫害，亡命到美國。嘗試分析極權主義，也是現代公共哲學的先驅。

鄂蘭
（1906～1975）

團結一致。因此提出異議的人會遭到肅清。大眾社會，也可說是一個完美的告密社會。鄂蘭找出這些特徵並得到結論：極權主義是過去從來不曾存在的一種新的國家形式。

追根究柢，就是**因為民眾不願思考，把一切交給別人，才會生出極權主義，讓獨裁者登場**。這麼一想，現代我國有許多有識之士疾呼思考停滯、大眾社會化日趨嚴重，或許很快就要有獨裁者登場了。不，也許在我們沒有注意到的地方，已經悄悄開始了……

當然，我們也有抵抗的手段。鄂蘭經常提到複數性，也就是**有複數的意見是很重要的**。確實，要抵抗意圖統一言論的極權主義，最好的方法就是每個人都明確地擁有自己的意見。

公共哲學

漢娜・鄂蘭——行動

怎麼樣才算活得像人？

很多人應該都過著鎮日為工作奔忙，假日只能累得補眠的生活。這種時候，人會痛感到自己過著簡直不是人的生活。那麼反過來說，怎麼樣才算活得像人呢？

思考這個問題時，鄂蘭所寫的《人的境況》可以做為參考。鄂蘭在這本書中，強調工作（work）與勞動（labor）不同，**工作與製造有關**。

也就是說，勞動指的是應付人類肉體需求的生物活動，也可以說是自然性。就是煮飯、洗衣這些製造存活基本需求事物的活動。相對於此，**工作指的是人類非自然性方面的活動力**，製造出來的是工具、建築物這類產物。

鄂蘭的論述之所以獨特，在於除了區別勞動與工作以外，並且還闡述了「行動」（action）的意義。**所謂行動，便是透過言論進行的草根政治活動**。即使不到這麼誇張，只要想想社區參與就行了。社區參與的話，應該跟每個人多少都有關係。

鄂蘭說，人是政治的動物。是在社群中討論、做決定，並相互扶持的存在。對這樣

行動

人的活動力

勞動	工作	行動
‖	‖	‖
製造出生存所需的事物	創造產物	參與政治

主要著作

《極權主義的起源》：分析極權主義成立的歷史、社會背景。《人的境況》：闡述社會活動重要性的公共哲學。

鄂蘭
（1906～1975）

的人來說，行動是不可或缺的。行動與狹義的工作不同，但無疑仍是人所必要的營生。因此無論有償無償，都應該歸類為工作的一種。說到底，**不只是勞動與工作，有行動的生活，才算是活得像人**。

若非如此，人就只是一具機器了，會變得毫不思考、只知道執行被交付的工作。更嚴重的是，如果每一天都這樣過，就連自己正在做的事，也不太會去思考有什麼意義了。鄂蘭稱此為無思想。她在描寫納粹幹部受審經過的著作《平凡的邪惡：艾希曼耶路撒冷大審紀實》中，指出無思想的問題，也就是**不經思考地過著每一天，會讓每個人犯下惡行**。喪失人性，便有可能招來邪惡。

公共哲學

哈伯馬斯——溝通行動

辯論需要什麼樣的態度

我們國家的人特別不擅長討論。一旦開始討論，就會無可避免地發展成爭吵，或是演變成劍拔弩張的氣氛。討論時的理想態度是什麼？要思考這個問題，就必須提到哈伯馬斯的溝通行動這個概念。

溝通行動，就是理想的對話行動。哈伯馬斯主張，我們應該以開放的心態聆聽對方的說詞，共同得到某些成果，而非為了說服對方而運用理性。

意在說服對方，把人視為達成目的的手段，這樣的理性稱為工具理性。相對地，**尊重對方，以達成共識為目標的理性，則稱為**溝通理性。

討論時如果不尊重對方的立場，溝通就無法成立。基於溝通理性的對話，不同於強迫影響對方決定的戰略行動，而完全是要讓對方心悅誠服，再得到對方的同意。

為了達到這個目的，哈伯馬斯認為需要三個原則。也就是①**參與者使用同一種自然語言交談，②參與者只敘述並支持相信為真的事實，③所有的當事人皆以平等的立場參與討論**。

溝通行動

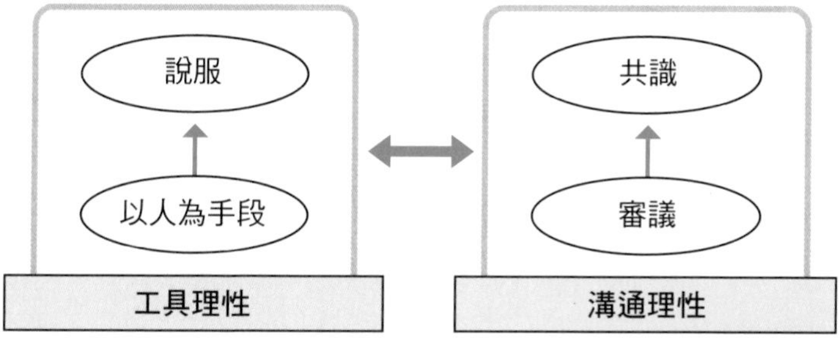

生平與思想

德國社會學家、哲學家。提倡基於溝通理性的討論的重要性，建立現代公共哲學的基礎。

哈伯馬斯
（1929～）

哈伯馬斯的溝通行動，傑出之處是對於了解彼此皆有著同樣的關心的市民，可以站在對等的立場進行討論，並在過程中改變自己的判斷與見解。也就是說，**彼此的想法有可能透過辯論而改變**。這便是對話最大的意義。

哈伯馬斯倡導的這種辯論方法稱為**審議**，他本身提倡建立以審議為基礎的民主主義，即審議民主。哈伯馬斯利用這樣的溝通行動，對近代社會提出批判。近代社會的問題，在於市場經濟組織及近代行政機關這些下級體制逐漸侵蝕了我們的生活。為了避免這種狀況，基於溝通行動的討論是絕對必要的。

公共哲學

哈伯馬斯——公共領域

何謂公共領域？

最近常聽到「公共領域很重要」的說法，可是公共領域指的究竟是什麼？要回答這個問題，可以參考哈伯馬斯的公共領域概念。

哈伯馬斯提出新的概念「市民公共領域」，將它視為對抗國家公共領域而出現的民間公共領域，即是由不僅擁有財產，也富有教養的資產階級所形成的團體。在近代歐洲，有沙龍、咖啡廳等供討論的場域形成，讓這些人在此進行文藝批評。然後這些場所逐漸發展，開始帶有政治色彩。

如此形成的市民公共領域，開始肩負起對公權力提出批判的責任，成為監視國家活動的力量。它更進一步形成所謂輿論的公共言論，扛起連繫政治意向與決定的角色。

另方面，哈伯馬斯也指出公共領域概念在二十世紀中期陷入的問題。也就是媒體等在經濟方面的影響力，造成市民公共領域再次變得被動，失去了對國家公共領域的批判功能。對此，哈伯馬斯提議各組織中的個人可以從內部進行抵抗。

這樣的想法，延續到自律的公共領域概

公共領域

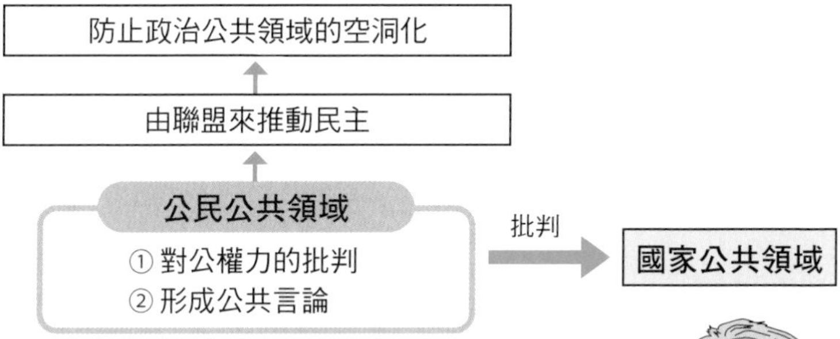

主要著作

《公共領域的結構轉型》：論述即使在福利政策充實的現今，公民仍應積極成為公共領域的旗手。

哈伯馬斯
（1929～）

念，哈伯馬斯最後**把基於自由意志的非政府、非營利的聯盟與協會，定位為公共領域的旗手**，具體來說，就是社會運動、NPO（非營利機構）、義工、市民論壇等等。亦即對哈伯馬斯而言，公共領域指的是與國家和經濟絕緣的市民社會的各種團體。因此他刻意使用來自於市民的Zivilgesellschaft（公民社會）一詞，而非來自於布爾喬亞（資產階級）的Bürgerliche Gesellschaft（市場社會）一詞。

這些新的聯盟成為主體、形成輿論、積極推進民主時，它們便會被重新定義為自律公共領域的活動。哈伯馬斯**認為公民社會的非官方公共領域，與國家這個官方領域聯手，便可形成防止政治公共領域空洞化的機制**。

阿多諾——啟蒙的辯證

何謂啟蒙？

何謂啟蒙？啟蒙是我們日常生活中不會使用的詞彙，但對於活在近代以後的我們，卻可以說是非常重要的一個術語。在思考啟蒙問題時，**阿多諾與霍克海默的啟蒙的辯證**概念可以做為參考。

原本啟蒙指的是以理性的光輝，照耀出普遍的知性，而將人類帶往文明的活動。始於近代的這種啟蒙計畫，應該將二十世紀導向文明社會，然而實際上卻催生出極權主義。因此阿多諾與霍克海默寫下《啟蒙的辯證》，提出質疑啟蒙本身妥當性的契機。

在撰寫這本書的時代，阿多諾與霍克海默正從德國亡命到美國。因此他們的視野不僅是德國，同時也納入了美國的社會問題。不，《啟蒙的辯證》談論的不是特定時期、特定地點的事，而是試圖解決文明概念本身所蘊含的問題。

啟蒙意圖透過理性將自然普遍化，但問題是這僅停留於自然的數學化。也就是說，**對理性主義的追求，造成將一切規格化的結果，最後把人和思考也當成物品來看待。**

阿多諾與霍克海默將這樣的狀況稱為**數**

啟蒙的辯證

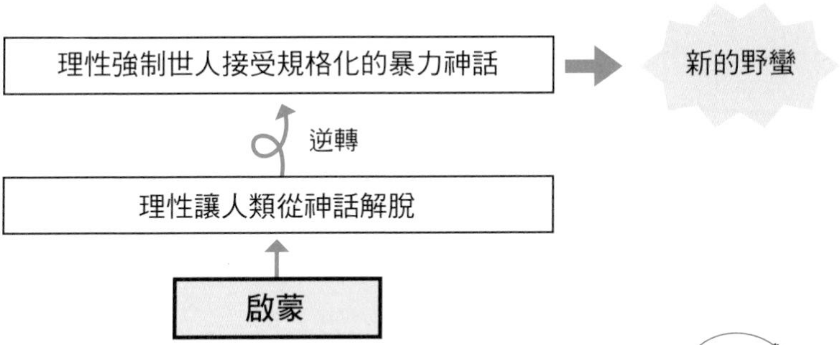

生平與思想

德國哲學家。與霍克海默共同打造法蘭克福學派。重視非同一性，提出否定辯證法。

阿多諾
（1903～1969）

學形式主義。如果徹底追求數學形式主義，啟蒙將只容許符合規格的行動樣式，並造成社會的僵固。諷刺的是，我們自以為要透過理性，將人類自神話中解放，結果卻造成逆轉的現象。

我們現在**面臨的是理性強制世人接受規格化這種暴力神話的社會**。這完全是新的野蠻，是手段目的化帶來的啟蒙的辯證。

話雖如此，我們必須注意，阿多諾與霍克海默絕對不是放棄了啟蒙。他們把希望放在克服理性的暴力面，並反過來冷靜地進行認識與判斷的自我省察。

遺憾的是，二十一世紀的現今，世界上充斥著暴力與戰爭，阿多諾與霍克海默期望的啟蒙計畫尚未成功。計畫能否成功，就掌握在活在現代的我們手中。

公共哲學

阿多諾——否定辯證法

什麼叫不做出結論的思考？

我們總是情不自禁地要把事情理出頭緒，否則就覺得不暢快，因此有時甚至會勉強做出結論。不過這樣的態度，有時候會**伴隨著暴力的言行**。那麼，「不做出結論的思考」真的有可能嗎？

這時我們可以參考阿多諾的否定辯證法這個思考方法。這個哲學思想的內容可以說完全否定了黑格爾的辯證法。亦即，辯證法是克服矛盾，理出一個頭緒的邏輯，但相對的，否定辯證法拒絕這樣的做法。

實際上，否定辯證法的主軸概念是「非同一性」。簡單地說，就是差異。阿多諾透過哲學思考的「批判性自我反省」，試圖從同一性轉換到非同一性。

根據阿多諾的理解，以辯證法為前提的認識與思考，意味著眼前的對象與腦中描繪的概念的同一化。思考行為也就是同一化的行為。至於同一化有什麼不好？因為**一旦同一化，就會把異質而多樣的其他事物恣意變形為自己想要的形態**。這完全是將概念強加於對象，是一種暴力。

話雖如此，但若不將眼前的對象和語言

否定辯證法

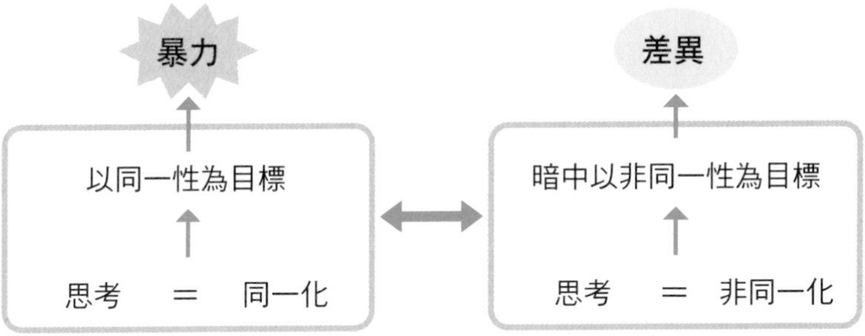

主要著作

《啟蒙的辯證》：與霍克海默的合作，揭露啟蒙反而是將人導向極權主義和欺瞞大眾、使人規格化的暴力結構。

阿多諾
（1903～1969）

概念同一化，也就是使其一致，則思考就無法成立。因此我們應該努力的目標，是非暴力性的同一化。

要做到這一點，只要追求「非同一性」，而不是追求普遍的、抽象的「同一性」就行了。因為同一化，就是把一個形態強加上去。

問題在於一旦宣告「要追求非同一性」的瞬間，非同一性的事物就會像同一性的事物一樣，變得強加於人。因此**非同一性必須暗中去追求才行**。

我們可以說，**同一性思考重視的是一樣東西屬於哪一個團體，而非同一性思考重視的是一樣東西的個別性**。

奈格里——「帝國」

什麼是全球化？

在現代，我們幾乎每天都會在媒體或日常會話中聽到「全球化」。全球化，也就是globalization，它指的究竟是什麼意思呢？

我們可以參考安東尼奧．奈格里與麥可．哈德合作的《帝國》一書。這本書在全世界掀起話題，甚至可以說是二十一世紀第一本經典名著。

因為它把「帝國」這個概念標上括弧，是一個完全嶄新的概念，最重要的是它精準地掌握了新的時代現象。

「帝國」並非過去所意味的帝國主義概念，而是全球化所帶來的、完全嶄新的權力。

至於兩者有何不同，帝國主義一般指的是有中心的國民與國家，其主權不斷向外擴張的狀況。相對地，**「帝國」沒有中心國家，反而是由超國家的制度或資本主義下的跨國企業，與支配性的國家群彼此形成節點，構成網狀權力**。

換一種說法，「帝國」並沒有權力的領域。它是「去領域化」的，無所不在，卻也不存在於任何一處。

「帝國」

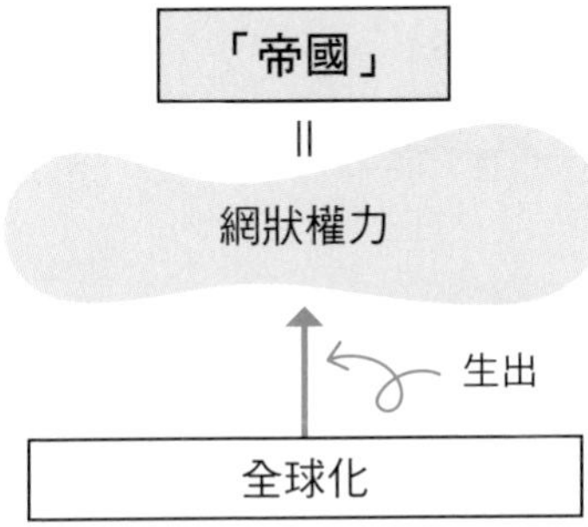

生平與思想

義大利的馬克思主義哲學家。與弟子麥可·哈德共同提出新的權力「帝國」以及諸眾的概念。

奈格里
（1933～）

因此「帝國」的支配沒有界限。「帝國」揭示了一個囊括整個空間的體制，或是實際支配整個「文明化」世界的體制。

並且，「帝國」不是在歷史洪流中暫時行使支配力的那類權力，它甚至沒有時間的境界。在這個意義上，「帝國」體制被描述為存在於歷史的外側，或是終點。

而且「帝國」不僅規範人的行為，更會直接支配人的本性。也就是**所有社會性的生命都是它的對象**。我們可以想像有個巨大的變形蟲將一切吞噬殆盡的景象。而這神祕的巨大權力，就是全球化的真面目。

奈格里——諸眾

什麼是全球公民？

隨著世界的全球化，當然居住在地球上的居民也會逐漸變質，出現可稱為全球公民的人。全球公民指的究竟是什麼樣的人？這時可以參考奈格里等人提出的諸眾概念。

在分析全球化本質的「帝國」權力結構時，自然就會看見「諸眾」這個概念。之所以這麼說，是因為「帝國」是兼具君主制度、貴族制度、民主制度等面向的混合政體。

君主制度的一面，指的是以美國為頂點的軍事機關，以及IMF（國際貨幣基金組織）、WTO（世界貿易組織）等經濟制度。而貴族制度的一面，指的是七大工業國組織、聯合國安全理事會、跨國企業等等。最後**民主制度的一面，指的則是NGO（非政府組織）這樣的全球民眾**。

這全球民眾，奈格里等人以「諸眾」的概念加以重新定義，**把它定位為「帝國」的對抗勢力**。

事實上，他們把諸眾視為一種階級概念，而該階級的意義並非奠基於經濟概念，而是意味著聯手鬥爭的集團的政治概念，並且它是醞釀未來的潛在勢力。

諸眾

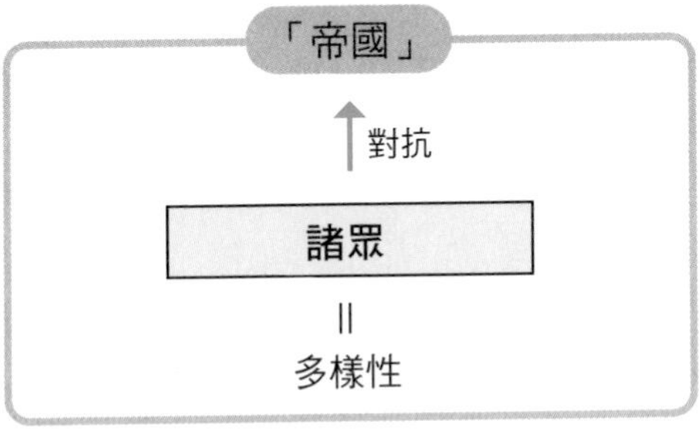

主要著作

《帝國》：與麥可．哈德的合作，提出對新世界的觀點「帝國」，視為去中心、去領域的支配裝置。

奈格里
（1933～）

諸眾原本源自於斯賓諾莎所提出的、意味大量而多樣的概念。而諸眾也是由各種差異所構成的活動。

看到這裡，也許會有人想起肩負共產革命的勞工。但諸眾與這類產業勞工有著明確的區別。奈格里等人強調從產業勞動轉移到非物質的勞動，這完全是主體從產業勞工階級往諸眾的轉移。

因此構成諸眾的，不只有產業勞工，還有學生、失業者、女性、移民、移工等各種階級。只要想到**透過網路串連、發起反政府行動的民眾**就行了。

正因為如此，諸眾雖然**大量而多樣，卻總是能攜手共同行動**。那意味著自律與協同的連結，以及內部差異帶來的共同事物（common）的創造。

阿馬蒂亞・沈恩——能力

人最需要的是什麼？

人最需要的是什麼？金錢？物質？但如果身體動彈不得，不管擁有再多的金錢和物品都是白費。從這一點來看，人最需要的應該是「能做任何想做的事」這種最起碼的狀態吧。阿馬蒂亞・沈恩的能力概念，就是站在這種觀點來論述自由與平等。

能力可以說是沈恩最重要的一個概念。它也譯為潛在能力，不過意義異於一般的用法。這個概念原本是為了批判羅爾斯的平等論而提出的。

羅爾斯在《正義論》中提倡平等，以扼止過度的自由。但是沈恩認為，**羅爾斯的平等論僅止於物質的重新分配，這樣會淪為拜物主義**，所以是不好的。換言之，羅爾斯並沒有明示物質重新分配以後，那些物質能為人做什麼。

沈恩將目光轉向身心障礙者與一般人之間的不平等，以揭示人的多樣性與需求的多樣性。換句話說，就算提供相同的東西，即使一般人能善加運用，障礙者卻有可能莫可奈何。

因此我們應該追求的，反倒是實現身為

能力

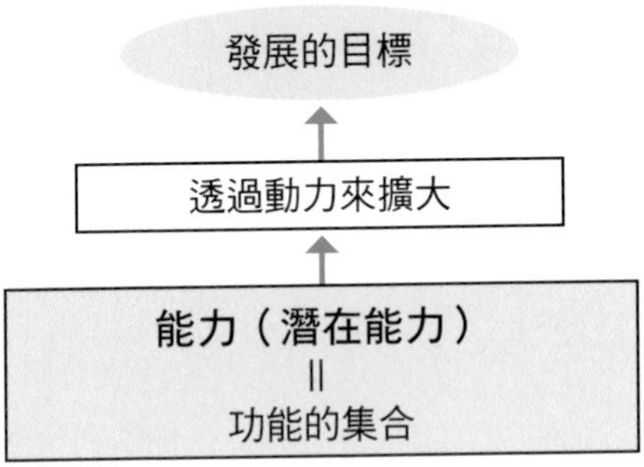

生平與思想

出生於印度的經濟學家。站在經濟學的立場，闡明貧窮與飢餓的原因。對福利經濟學的貢獻受到肯定，得到諾貝爾經濟學獎。

阿馬蒂亞．沈恩
（1933～）

一個人最起碼的需求，亦即**實現人的基本潛在能力**。也就是應該先讓身心障礙者能夠活動身體、自由移動，並參與社群的社會生活。

於是，能力被定義為人為了擁有好的生活、好的人生，想要處在什麼樣的狀態、採取什麼樣的行動，由此而生的各種功能。

然後沈恩主張，人透過行使自主行動的**動力**，可以擴大這種能力，這正是發展的終極目標。

也就是說，沈恩提議不該光是用所得或效益來評估生活的質，而是該以能力的觀點去評估。因為他認為這才意味著真正的自由的擴大。

當代最新思想

阿馬蒂亞·沈恩——承諾

正確的經濟學是什麼？

經濟學被視為推動社會發展的重要學問，但在經濟發展的同時，社會卻也出現了貧窮。經濟發展真的是無條件正確的嗎？如果不是，什麼才是真正正確的經濟學？思考這個問題時，阿馬蒂亞·沈恩的承諾概念可以做為參考。

沈恩把奉傳統經濟學為圭臬的人類形象稱為「理性的傻子」，並加以抨擊。因為傳統的經濟學，都以追求自我利益最大化為目標，由這樣的目標衍生出來的人類形象，就只能是一個自私自利的存在。

而沈恩提出來的替代方案，是能夠做出社會承諾的人。那就是**能夠將自己和他人的關係反映在自我的價值觀上來行動的人類形象**。

沈恩指出，以傳統經濟學做為前提的自由主義中，存在著兩種無法並存的原理：追求全體一致的原理，以及追求個人自由的原理。這稱之為沈恩的自由悖論。

做為這個矛盾的解方，沈恩提出考慮他人的權利、為他人行動的見解。亦即**只要在主張自己的權利以前，先考慮到他人被賦與**

承諾

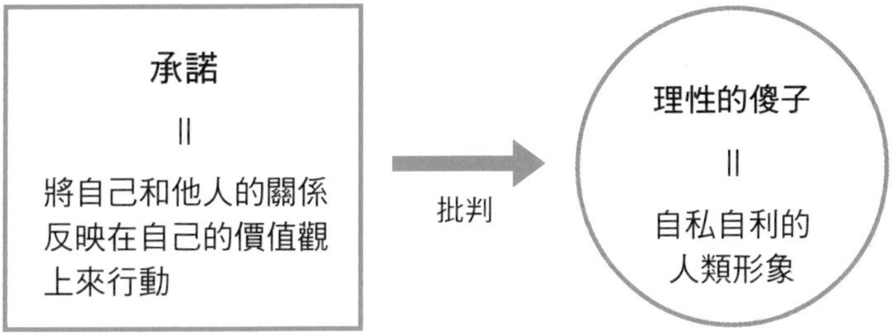

主要著作

《不平等之再考察》：不只是羅爾斯提出的財富平等，更著眼於財富活用的可能性（能力），是新的平等論。

阿馬蒂亞・沈恩
（1933～）

什麼樣的權利，整體的利益與個人的自由之間應該就不會出現衝突了。然後如果他人的權利受到侵害，就應該決心採取行動去阻止。這就是承諾。

人不允許坐視他人的權利受到侵害，即使對自己沒有任何好處，或甚至會造成損害，也必須發起行動，阻止他人的權利受到侵害。承諾要求人具備這樣的決心。**正因為如此，可以說承諾適用的範疇不僅是一個國家，也能觀照到保障人類安全的概念所象徵的全球問題。**

就像這樣，沈恩旨在打造出一個每個人都積極參與社會、消弭貧窮、重視人權的社會。

為何現在政治哲學當道？

第六章主要介紹了政治哲學。各位知道幾年前在NHK播映的節目「哈佛白熱教室」嗎？內容就像節目名稱，是由哈佛大學的教授進行火熱討論的授課內容。負責講課的，便是邁可．桑德爾教授，而且主題是政治哲學。

這堂課在哈佛大學裡也是極受歡迎的一門課，桑德爾教授以一千名學生為對象，針對正義的意義侃侃而談。有意思的是，這堂課在日本播放後，原本對政治哲學不屑一顧的日本人，竟因為這個節目而覺醒了。他們因而認識到追本溯源，思考社會、政治應有樣貌的樂趣。

此後在日本社會，政治哲學成為廣受歡迎的學問，民眾開始以哲學的角度去思考核電、全球化等社會問題。同時，眾人共有的領域「公共領域」、共同思考社會問題的方法「審議」等概念，也開始受到關注。

就這樣，政治哲學成了一個契機，大大地改變了我們原本只會把社會問題丟給國家與政治管理的風潮。不，也許相反，或許是社會的瓶頸迫使民眾開始追求政治哲學。不論如何，討論才剛開始而已，往後的社會變化令人期待。

結語　成為一個思考的人！

怎麼樣？讀到最後的讀者，也許已經發現自己出現了某些變化。沒錯，一路循著西方哲學史、學習多達一百個哲學概念，便能潛移默化地學到哲學性的思考。

請試著思考某些問題，什麼問題都可以——「我是什麼」也行、「人生是什麼」也可以。總之，在思考事物的時候，心態應該會出現變化，這就是哲學的有趣之處。只要學到思考的程序與模式，人自然就會去模仿，然後思考會因此變得愈來愈強韌。

其實我也經歷過這樣的變化。我正式開始學習哲學以後，有一天忽然意識到自己正在深刻鑽研某些問題。以往即使看了新聞，也只是被動地心想：「哦，這樣啊！」不當一回事。然而自從學習哲學、並且多少學習有成以後，我的態度有了一百八十度的轉變。

我開始養成習慣，對於接收到的資訊，第一個就是去質疑，然後思考什麼才是真正正確的、其本質是什麼。結果不可思議地，我的每一天變得極為充實。

就像帕斯卡說的：「人是會思考的蘆葦。」我們具有思考的本能。然而現今的教育卻不肯教導我們思考的方法，就好像要把我們的本能給封印起來似的。也許是因為如果每一個人都深思熟慮，為政者就會難以施政的關係。

不管怎麼樣，能深思熟慮當然是最好的。如此一來，受騙的機會也會減少，更重要的是可以做出正確的選擇。各位是否有不經大腦行動而後悔的經驗？如果諸君能利用本書，變成一個會思考的人，便是作者無上的欣喜。

在撰寫本書時，我受到許多人士大力襄助。特別是給我這個機會、從構想到完成階段都毅力十足地支持我的中經出版社若月孝士先生，謹在此表達謝意。最後，再次感謝讀完本書的每一位讀者。

二〇一四年十二月　小川仁志

主要參考書目

◉入門書

『人生が変わる哲学の教室』 小川仁志著・ＫＡＤＯＫＡＷＡ中経出版・2010年

古今中外哲學家在現代復活，闡述自家學說。做為讀物也十分有趣。

『心が軽くなる哲学の教室』 小川仁志著・ＫＡＤＯＫＡＷＡ中経出版・2011年

上面的續集。

『哲学の古典１０１物語』 木田元編・新書館・1998年

可以大略了解主要哲學經典著作的概要。

『フシギなくらい見えてくる！　本当にわかる現代思想』

岡本裕一朗著・日本実業出版社・2012年

精簡地說明最新現代思想。

『はじめての政治哲学　「正しさ」をめぐる２３の問い』 小川仁志著・講談社現代新書・2010年

最平易近人的政治哲學入門書。

『哲学のヒント』 藤田正勝著・岩波新書・2013年

可以明白「做哲學」是怎麼一回事。

◉哲學史

『図説・標準　哲学史』 貫成人著・新書館・2008年

網羅完整的哲學史，哲學史決定版。

『エピソードで読む西洋哲学史』 堀川哲著・ＰＨＰ新書・2006年

以趣聞軼事來介紹哲學史的獨特著作。

◉用語事典

『岩波哲学・思想事典』 廣松渉ほか編・岩波書店・1998年

收錄了各種哲學用語的大部頭事典。

『哲学キーワード事典』 木田元編・新書館・2004年

詳實地解說重要用語。

『すっきりわかる！　超訳「哲学用語」事典』 小川仁志著・ＰＨＰ文庫・2011年

以現代說法來代換深奧的哲學用語，畫時代的著作。

『事典　哲学の木』 永井均・中島義道ほか著・講談社・2002年

各領域的研究家以現代觀點解說哲學用語。

中英名詞對照表

人物

瓜塔利　Félix Guattari
皮爾士　Charles Sanders Santiago Peirce
托克維爾　Alexis de Tocqueville
米蘭多拉　Giovanni Pico della Mirandola
沃爾澤　Michael Walzer
亞當．史密斯　Adam Smith
威廉．詹姆斯　William James
埃帕米農達　Epaminondas
泰勒　Charles Taylor
泰勒斯　Thales
畢達哥拉斯　Pythagoras
麥可．哈德　Michael Hardt
麥金泰爾　Alasdair MacIntyre
達文西　Leonardo da Vinci
赫拉克利特　Heraclitus
德謨克利特　Democritus
霍克海默　Max Horkheimer

文獻

〈對話錄〉　Dialogue'
〈蘇格拉底的申辯〉　Apology of Socrate'
〈饗宴篇〉　Symposium'
《人性論》　*A Treatise of Human Nature*
《人的境況》　*The Human Condition*
《人類知識原理》　*A Treatise Concerning Principles of Human Knowledge*
《人類理解論》　*An Essay Concerning Human Understanding*
《上帝之城》　*City of God*
《千高台》　*A Thousand Plateaus: Capitalism and Schizophrenia*
《不平等之再考察》　*Inequality Reexamined*

《公共領域的結構轉型》 *The Structural Transformation of the Public Sphere*

《反伊底帕斯》 *Anti-Oedipus*

《方法論》 *Discourse on the Method*

《尼各馬可倫理學》 *The Nicomachean Ethics*

《平凡的邪惡：艾希曼耶路撒冷大審紀實》 *Eichmann in Jerusalem: A Report on the Banality of Evil*

《正義論》 *A Theory of Justice*

《民主主義與教育》 *Democracy and Education*

《全部知識學的基礎》 *Foundations of Transcendental Philosophy*

《存在主義和人文主義》 *Existentialism and Humanism*

《存在與時間》 *Being and Time*

《存在與虛無》 *Being and Nothingness*

《自由主義與正義的局限》 *Liberalism and the Limits of Justice*

《自然哲學觀念》 *Ideas for a Philosophy of Nature*

《作為意志和表象的世界》 *The World as Will and Representation*

《判斷力批判》 *Critique of Judgment*

《利維坦》 *Leviathan*

《君主論》 *The Prince*

《形上學》 *Metaphysics*

《法意》 *The Spirit of the Laws*

《知覺現象學》 *Phenomenology of Perception*

《社會契約論》 *The Social Contract*

《帝國》 *Empire*

《思想錄》 *Pensées*

《政府二論》 *Two Treatises of Government*

《政治經濟學批判》 *A Contribution to the Critique of Political Economy*

《查拉圖斯特拉如是說》 *Thus Spoke Zarathustra*

《致死的疾病》 *The Sickness Unto Death*

《倫理學》 *Ethics*

《效益主義論》 *Utilitarianism*

《時間與自由意志》 *Time and Free Will*

《神學大全》 *Summa Theologica*

《純粹理性批判》 *Critique of Pure Reason*

《啟蒙的辯證》 *Dialectic of Enlightenment*

《第一哲學沉思集》 *Meditations on First Philosophy*

《規訓與懲罰》 *Discipline and Punish*

《野性的思維》 *The Savage Mind*

《創造進化論》 *Creative Evolution*

《單子論》 *Monadologie*

《普通語言學教程》 *Course in General Linguistics*

《無政府、國家與烏托邦》 *Anarchy, State, and Utopia*

《詞與物》 *The Order of Things*

《愛彌兒》 *Emile*

《新工具》 *Novum Organum*

《極權主義的起源》 *The Origins of Totalitarianism*

《資本論》 *Das Kapital*

《道德系譜學》 *On the Genealogy of Morality*

《道德與立法原理導論》 *An Introduction to the Principles of morals and Legislation*

《夢的解析》 *The Interpretation of Dreams*

《實踐理性批判》 *Critique of Practical Reason*

《精神分析概要》 *An Outline of Psycho-Analysis*

《精神現象學》 *The Phenomenology of Spirit*

《論人類不平等的起源和基礎》 *Discourse on Inequality*

《論文字學》 *Of Grammatology*

《論李維》 *Discorsi*

《整體與無限》 *Totality and Infinity*

《隨筆錄》 *Essays*

《藝術哲學》 *The Philosophy of Art*

《關於形而上學的對話》 *Discourse on Metaphysics*

《懺悔錄》 *Confessions*

《邏輯哲學論》 *Tractatus Logico-philosophicus*

《觀念》 *Ideen*

名詞

一至五畫

一束知覺 a bundle of perceptions

二元世界觀 dualistic worldview

人文主義 humanism

人生的三個階段 three stages of life

人是被判處自由的 man is condemned to be free

人為德行 artificial virtue

三權分立 separation of powers

上帝 God

上帝之城 the city of God

上層建築 superstructure

大眾社會 mass society

工具主義 instrumentalism

工具理性 instrumental rationality

不可分辨者同一律 principle of the identity of indiscernibles

中庸 mesotes

介入 engagement

公平機會平等原則 fair equality of opportunity

公民自由 civil liberty

公共領域 public sphere

公意 general will

友愛 philia

反省 impression

反題 antithesis

心身平行論 psychophysical parallelism

心物二元論 mind-body dualism

心的三層構造 tripartite personality structure

文藝復興 Renaissance

方法的懷疑 methodical doubt

世俗之城 city of the world

主觀 subjective

主觀觀念論　subjective Idealism
他我　other self
他者　other
充足理由律　principle of sufficient reason
古典自由主義　classical liberalism
四因說　four causes
奴隸道德　slave morality
市民公共領域　civic public sphere
市場偶像　idola fori
平等自由原則　principle of greatest equal liberty
本我　id
本我　es
本源　archē
本質直觀　wesenschau
本體界　noumena
正義二原則　two principles of justice
正題　thesis
民主主義／民主制　democracy
永恆輪迴　eternal return
生命哲學　philosophy of life
生命衝力　elan vital
生活形式　form of life
白板　tabura rasa
目的因　final cause
目的論式的世界觀　teleological worldview

六至十畫

交表婚　cross cousin marriage
伊底帕斯情結　Oedipus complex
先天觀念論　theory of innate ideas
先行決斷　vorlaufende entschlossenheit
全球公民　global civil
全球化　globalization
全景監獄　panopticon
共（共同的事物）　common
共同善　common good
共和主義　republicanism
共和制　republic
共產主義　communism
印象　impressions
合題　synthesis
同一哲學　identity philosophy

同情 sympathy
在世存有 In-der-Welt-sein
存在主義 existentialism
存在先於本質 existence precedes essence
存在的類比 analogy of being
安卓基諾斯 androgynous
次性 secondary qualities
此在 dasein
自由主義 liberalism
自由主義、社群主義論爭 Liberals and Communitarians
自由悖論 liberal paradox
自由意志 free will
自由意志主義 libertarianism
自因 causa sui
自我 ego
自律的公共領域 autonomous public sphere
自然法 natural law
自然狀態 state of nature
自然的自由 natural liberty
自然的態度 natural attitude
自然哲學 philosophy of nature
自然哲學家 natural philosopher
自然德行 natural virtue
自然權利 natural rights
行動 action
冷社會 cold society
利維坦 Leviathan
助產術 method of maieutic
君主立憲制 constitutional monarchy
君主制 monarchy
君權神授說 divine right of kings
否定辯證法 negative dialectics
完形 gestalt
形式 eidos
形式 formal
我思故我在 Cogito ergo sum
求生意志 will-to-live
言語 parole
身體存在 bodyly existence
身體圖式 body schema
身體論 body theory
事行 tathandlung
初性 primary qualities
宗教階段 religious stages
定言令式 categorical imperative

延異　différance
性衝動　libido
所有人對所有人的戰爭　the war of all against all
所有權　ownership
所指　signifié
承諾　commitment
抵抗權　right of resistance
泛神論　pantheism
物自身　thing-in-itself
物質　materia
物質　hyle
直接民主制　direct democracy
直接激情　direct passions
直觀　intuition
知識型　épistémè
知識就是力量　knowledge is power
知識學　science of knowledge
知覺的一元論　perceptual monism
社會主義　socialism
社會制裁　sanction
社會契約　social contract
社群主義　communitarianism
表象　representation
非我　non-ego
前蘇格拉底哲學　Vorsokratiker
客觀　objective
客觀觀念論　objective idealism
後現代主義　postmodern
思考（思維）　cogitatio
政體論　three forms of government
洞穴比喻　the simile of the cave
洞穴偶像　idola specus
英國經驗主義　british empiricists
美學階段　the aesthetic stage
修補術　bricolage
倫理階段　the stage of moral
剝削　exploit
原子論　atomism
原初狀態　original position
原始的時間性　ursprüngliche Zeit
哲學是神學的婢女　Philosophia ancilla Theologiae
差異　difference
差異原則　different principle
悟性　understanding

效益主義　utilitarianism
書寫　écriture
根莖　rhizome
純粹意識　pure consciousness
素樸實在論　naive realism
素樸觀念論　naive idealism
能力　capability
能指　signifiant

十一至十五畫

假言令式　hypothetical imperative
偶像　idola
動力　agency
動力因　efficient cause
唯心論　idealism
啟蒙的辯證　dialectic of enlightenment
國家　state
基督教　christianity
專制　autocracy
常人　das man
敏感性精神　esprit de finesse
救恩論　soteriology
教父哲學　patristic philosophy
欲望　desire
欲愛　erōs
現象界　phaenomenal world／world of appearaces
現象學的還原　phenomenological reduction
理念　idea
理性的傻子　rational fool
異化　alienation
眾意　will of all
符號　signe
處境　situation
剩餘價值　surplus value
創造性智慧　creative intelligence
勞動　labor
勞動價值理論　labor theory of value
善意志　good will
單子　monad
單獨的個人　single individual
幾何學精神　esprit géométrique
揚棄／奧伏赫變　aufheben
智者　sophist
最大多數人的最大幸福　The Greatest Happiness of the

Greatest

最小政府 minimal state
無思想 thoughtless
無政府資本主義 anarcho-capitalism
結構 structuralism
絕望 despair
絕望的定理 formula of despair
絕對同一 absolute identity
絕對知識 absolute knowledge
絕對精神 absolute spirit
絕對觀念論 absolute Idealism
虛無主義 nihilism
貴族制 aristocracy
超人 Übermensch
超我 superego
超越論的主體性 transcendental subjectivity
超越論的態度 transcendental attitude
間接激情 indirect passions
傷害原則 harm principle
意向性 Intentionality
意志 will
意見 doxa
感性 sensibility
感覺 sensation
新自由主義 neoliberalism
會思考的蘆葦 a thinking reed
極權主義 totalitarianism
概念 conception
溝通行動 communicative action
溝通理性 communicative rationality
禁欲 asceticism
經院哲學 scholasticism
經濟基礎 base
經驗直觀 empirische anschauung
聖愛 agape
萬物的根源 archē
萬物皆流 panta rhei
解構 deconstruction
資本主義 capitalism
道德家 moraliste
預定和諧 pre-established harmony
預定論 predestination
圖像理論 picture theory
圖騰分類 totemic classification

實用主義　pragmatism
實踐理性　practical reason
實體論　substantialism
對話　dialogue
演繹法　deduction
種族偶像　idola tribus
精神分析學　psychoanalysis
綿延　duration
認識論　epistemology
語言　langue
語言活動　language
語言遊戲　language game
需求　besoir
價值　value
劇場偶像　idola theatri
審議　deliberation
廣延　extension
德國觀念論　German idealism
數學形式主義　sterile formalism
歐陸理性主義　continental rationalism
熱社會　hot society
範疇　categories
諸眾　multitude
質的功利主義　qualitative utilitarianism

十六畫以上

樹狀　tree
歷史唯物主義　historical materialism
激情　passion
聯盟　association
臉　visage
輿論法庭　public opinion tribunal
歸納法　induction
懷疑論　skepticism
羅馬教皇　Pope
懸置　epoché
辯證法　dialectic
權力意志　will to power
權術　machiavellianism
贖罪券　indulgence
邏輯實證主義　logical positivism
觀念　ideas
觀念的聯合　association of ideas

哲學就是對世界的提問

圖解影響現代社會的50位哲學家

（原書名：圖解影響現代生活的100條哲學想法）

作　　者　小川仁志
譯　　者　王華懋
執 行 長　陳蕙慧
主　　編　劉偉嘉
特約編輯　曾令儀
校　　對　魏秋綢
排　　版　謝宜欣
封面設計　萬勝安
行銷企畫　李逸文、闕志勳
社　　長　郭重興
發行人兼出版總監　曾大福
出　　版　木馬文化事業股份有限公司
發　　行　遠足文化事業股份有限公司
地　　址　231新北市新店區民權路108之4號8樓
電　　話　02-22181417
傳　　真　02-22180727
Email　service@bookrep.com.tw
郵撥帳號　19588272 木馬文化事業股份有限公司
客服專線　0800221029
法律顧問　華陽國際專利商標事務所　蘇文生律師
印　　刷　成陽印刷股份有限公司
初　　版　2016年1月
二　　版　2018年9月
定　　價　350元
ISBN　978-986-359-580-9

國家圖書館出版品預行編目 (CIP) 資料

哲學就是對世界的提問：圖解影響現代社會的50位哲學家／小川仁志著；王華懋譯.
-- 二版. -- 新北市：木馬文化出版：遠足文化發行, 2018.09
面；　公分 --
譯自：図解　使える哲学
ISBN 978-986-359-580-9（平裝）
1. 西洋哲學
140　107012339